水西·书系
SHUIXI SHUXI

一个人是千万人的出发点

为未来而教而学

WEI WEILAI
ERJIAO ERXUE

汤勇 著

山西出版传媒集团
山西教育出版社

面向未来，春暖花开

教育是面向未来的事业，教育虽着眼于现实，但她是面向未来培养人，培养能够面向未来的人。

学习是面向未来的事情，学习尽管立足当下，但她是对未来美好生活的追求，对未来幸福人生的奠基。

教育要有新作为，必须以未来为导向，把美好教育的设想与愿望放置在未来，把握教育发展趋势，执着于教育的探索，专注于教育的回归，以更好的教育完成立德树人的根本使命。

学习要有新建树，也必须以未来为支撑，把未来的召唤作为烛照前行的一束光芒，胸怀远方，心系未来，怀揣理想，通过不懈的努力和拼搏而成就未来。

而眼下我们的教育现状，相对于这个"未来"，难免显得狭隘、功利了。

君不见，在狭隘、功利的驱动下，家长在乎的是分数，学校上级要的是分数，老师拼死拼活教的是分数，一切都是为了分数，为了分数的一切，为了一切的分数，分数成了教育的最终目标，也是最大的刚需，更是最直接的现实。

为了分数，可以把学校办成应试的工厂，把孩子锻造成一台台考试机器，可以违背教育规律，损害孩子身心健康，可以过早地给孩子灌输成人世界的尔虞我诈，物竞天择，弱肉强食，可以不把孩子当人，不顾孩子死活，让教育失去人性，远离本质，迷失在喧嚣、浮躁的丛林中，以致在反教育路上越走越远。

这种只看到一棵树，而没有看到整个森林，只看到手指，而没有看到手指的方向的教育，有可能让我们的孩子一时考得高分，然而身体素质却急剧下降，人文素养严重缺失；我们的孩子也许各个方面能争第一，但却没有了交流的意识，没有了合作的精神，没有了创新的品质，没有了悲天悯人、"面对一丛野菊花也怦然心动"的情感；我们的孩子也许通过拼时间、拼体力获得了名校的敲门砖，最终却付出了兴趣与爱好、快乐与幸福的沉重代价；我们的孩子也许赢在了当下，赢在了起点，却没有走完全程的力气和勇气，也没有走向未来的豪气和底气。

君不见，在现实教育的裹挟、绑架下，特别是在一考定胜负、一分定成败的格局下，孩子们都是为分数而学，为"有用"而学，为出人头地而学，哪怕死读死记，拼命刷题，哪怕熬更守夜，死整蛮缠，哪怕花大价钱补习，不惜一切代价甚至透支健康，也都要信奉"眼睛一睁，开始竞争""提高一分，干掉千人""只要学不死，就往死里学""死后自然长眠，生前何必多睡"。

这种重复性、机械性的单一学习，就算勉强上了名校，不少人到了社会也很难融入，有的除了识记一点死知识外，其他素质能力一片空白，不仅一事无成，有的还人格分裂、心理扭曲，甚至难逃厌学、厌世、自杀的结局。

什么是教育？许慎在《说文解字》中解释，"教，上所施，下所效也""育，养子使作善也"。

1956年美国著名的教育法案执笔人布朗法官在法律文件中阐释教育：教育是帮助一个孩子在未来的生活中更成功追求自己的幸福，不是为社会机器塑造一个合适的螺丝钉。

很显然，教育的重要任务和使命，不是获得一个简单的分数。孩子获得应有的分数，当然也是教育的应有之义，但它不是教育的全部，也不是教育的唯一，让孩子拥有面向未来的必备品格和关键能力，能够在未来人生当中自信满满，坦然面对，这才是教育的真谛。

这就要求我们教育者，要有一种"未来思维""未来眼光"，要以一种"未来智慧""未来视角"认识到，分数是一时之得，要从一生的成长目标和适应未来的需要来看待教育，架构教育。

在教育中既关注已知，又关注未知；既关切已然，又关切未然；既立足当下，又放眼未来；既坚持没有分数过不了今天，只有分数过不了明天，又坚持君子爱分，取之有道，戴着镣铐也要跳出优美的舞蹈。

在这个复杂而多变的世界中，激发孩子的内生力，点燃孩子的好奇心，挖掘孩子的潜能，开启孩子的想象力，彰显孩子的天性，迸发孩子的创造力，培育孩子的应变力，增进孩子的自主性和责任感，为孩子营造适应未来、面向未来的"学习场"，引导他们积极、广泛、有远见地追寻有意义的学习，以充分涵养孩子在未来成为幸福的人，拥有令世界变得更美好的能力。

什么是学习？许慎在《说文解字》中解释，"学，觉悟也"；"习，数飞也"。意思是模仿别人的行为或动作，用于实际的生活当中，把他人的东西变成自己的东西，这一过程就是学习。

戴维·珀金斯博士，美国"零点计划"的共同负责人，他认为，知识必须能够在某些场合实际运用，才值得学习。

不难理解，我们学习知识不是为分数而学习，不是为了拿第一名而学习，也不是为了进名校大门而学习，更不是为了学习而学习，而是为了实践而学，为了实际运用而学，为了分析判断而学，为了解决问题而学，为了生活价值而学，为了面向未来而学。

学习即理解，理解即思考；学习即运用，运用即创造；学习即注意，注意即联想；学习即兴趣，兴趣即渴求；学习即融会贯通，融会贯通即触类旁通。

因此，我们应该转变学习观念，把学习放在实现"知识—智慧"的深远目标上；放在包含思考、理解、运用、注意、兴趣的全过程上；放在为未来的生活做准备、为未来的人生打基础上；放在看似无法立刻兑现成分数，却蕴含着更多可能性和创造性的"无用之学"上；放在与世界联系，与外界对话，在完成真实世界的任务中习得知识、获得技能、形成品质上；放在学习方法的迁移与连接上，让自己最终成为终身学习者、问题解决者、责任担当者、优雅生活者。

诺贝尔物理学奖获得者伊西多·拉比说，大部分母亲在孩子放学回家后都会问："你今天学到了什么？"而他的妈妈当年问的却是"拉比，你今天有没有提出一个好问题？"这才是真正的学习，是真正的为未来而进行的学习。

　　随着社会的飞速发展，未来必然是一个高度复合、高度关联的智能时代，未来的职业环境也必然会转向概念时代，我们当今信息时代的很多热门岗位都将被人工智能取代，这些岗位的从业者都有可能失业。我们的孩子能否走向未来，能否适应这样的一个理性减退、概念增多、行业快速融合的时代？能否在未来的社会中找到他追求的幸福？

　　这关键取决于，我们的教育是不是为未来而教，我们的学生是否为未来而学。

　　面向未来，为未来而教而学，阳光正好，微风不燥，春暖花开，未来可期。

　　是为序。

汤 勇
2021 年 10 月 26 日于古城阆中

目录

001　面向未来，春暖花开

第一讲
001　为未来而教而学

第二讲
013　拒绝"躺平"，教师要有勇气走出职业舒适区

第三讲
023　年轻教师成长应该记住的五句话

第四讲
035　新入职教师应该突围入职期

第五讲
046　教师"一潭水"的哲学考量和思辨

第六讲
056　一个卓越的教师怎样从敬业走向精业

..	第七讲
064	教师的负担与教师的幸福

..	第八讲
086	老师，我们可以平凡，但绝不能平庸

..	第九讲
093	不是焦点的阳光不能燃烧

..	第十讲
100	铸就新时代的好校长

..	第十一讲
109	校长必须要有事，要谋事，要成事

..	第十二讲
116	理想课堂的认知与架构

..	第十三讲
125	在"变"中为线上教学"赋能"

..	第十四讲
132	绿色评价建构教育的绿色生态

第十五讲
142　中华传统文化便是最好的德育

第十六讲
151　劳动教育与学生品格和关键能力的发展

第十七讲
165　构建教育高质量发展体系

第十八讲
180　教育的功夫在哪里？

第十九讲
188　教育，是多些温度的时候了

第二十讲
200　让家庭教育因阅读而美好

第二十一讲
214　用阅读助推农村教育的高质量发展

第二十二讲
224　让乡村小规模学校成为点亮乡村的"庠序之光"

	第二十三讲
237	乡村儿童发展与乡村儿童教育

	第二十四讲
253	在尽力与不断追寻中,走向没有被污染的远方

	第二十五讲
262	家长应该念好"双减"之下"七条经"

	第二十六讲
270	"双减"下,切实发挥学校教书育人主阵地作用

	第二十七讲
277	"双减"之下,教师需要作出改变和努力

285	后记

第一讲 为未来而教而学

愿飞扬的青春不留遗憾。

愿美好的岁月曾经拥有。

愿一切的汗水都有收获。

愿所有的付出不被辜负！

一、梦想的力量

我曾经读过一本书，叫《产生奇迹的行动哲学》，这本书讲的是日本医学改革家德田虎雄的故事。书中有一个细节至今仍让我记忆犹新。德田虎雄从小的梦想就是当一名医学家，于是每天早晨照镜子，就想象着镜子里的"我"不是今天的"我"，而是成为一个医生的"我"，成为一个早稻田大学医学院学生的"我"，成为一个医学改革家的"我"。他不断用梦想去鼓舞自己，去激励自己，去点燃自己，最终梦想成真。

梦想是对现实的不满，也是对未来的憧憬与期待。可以说梦想就是一个人在黑夜中前行时远处闪烁的一盏明灯，一颗挂在天空眨巴着眼睛的启明星。人是被梦想牵引着走的，如果没有梦想，一定缺乏支撑的动力，一定会失去前行的方向，一定是走不远的。

我出生在大山，我小时候的梦想，就是走出大山，能够看到山那边的那一片海。20世纪80年代初，我初中毕业考上师范，师范毕业又回到母校，当了十一年乡村老师，后来又从这里走出，从大山走出，再后来做了近十二年的教育局局长。一路走来，虽也是普普通通，没有什么惊天动地，但是如果没有梦想，我认为也是很难一步步走到今天的。

我已经50多岁，按照联合国人类年龄划分的新标准，我还是青年人。事实上我觉得我还很年轻，我现在在全国各地行走，做讲座，看学校，碰撞教育，传播陶行知思想，传播我在阆中所积淀的朴素而幸福的教育；不停地奔波，即使每天再忙我都要阅读，都要思考，都要写作，都要随时更新我的公众号；每天晚上差不多都是深夜睡觉，睡前想想这一天做了哪些有意义的事，感觉特别充实，早上一起床，看到窗外透进的一抹朝霞，又充满着一种隐隐的喜悦感，觉得有很多的事还等着我去做，浑身便充满了力量。

总之，我到现在仍然还有很多的梦想。还记得四十多年前的时候，那种年轻人特有的成长记忆，就是能听得见自己的骨头在咯咯作响的感觉，我现在仍然能够强烈地感觉到，这或许就是梦想的力量!

二、追寻生命的意义

前段时间,我读了存在主义心理学家、哲学家维克多·弗兰克尔90岁高龄时写就的《活出生命的意义》。

读后给我的感觉是,如果说这辈子只读一本传记的话,那就应该读弗兰克尔这本自传。

全书用简洁幽默的笔触回顾了他历尽艰辛、曲折伟大的一生。可以说,弗兰克尔凭一己之力,用意义疗法治愈了20世纪人类精神空虚、虚无堕落、无所适从的世纪病。如今时代虽然发展到了21世纪,面对社会的喧嚣与浮躁、人们信仰的淡化与缺失,重拾生命意义,不断追寻生命意义,仍然具有现实意义。

弗兰克尔在他书中让我印象最深刻的一句话是:"人们活着是为了寻找生命的意义,这也是人们一生中被赋予的最艰巨的使命。"

在我们身边不乏这样的人,他们以为活着要么就是满足于吃饭、穿衣、睡觉,要么声色犬马,纵情享受,要么就是循环着放羊娃的生活逻辑:放羊挣钱,挣钱娶老婆,娶老婆生娃,生娃放羊。

弗兰克尔发现可能找寻到生命意义的三个途径:"工作(做有意义的事)、爱(关爱他人)以及拥有克服困难的勇气。"

第一个途径是工作,做有意义的事。每个人的青春都是限量版，现在，青春是用来奋斗的，将来，青春是用来回忆的。当下最好的工作就是专心学习，认真学习，用自己的努力，用不断的奋斗，用不屈的信念，为梦想打底，为未来铺路，为今后将要做的工作奠基，为美好人生能够绽放出最耀眼的光芒而积蓄能量！

教师这个职业虽然不能排在职业排行榜的最前列，但是这个职业能够单纯地做事，能够创造性地做事，能够做自己喜欢做的事，能够做实现自己生命意义和人生价值的事。而且在潜心教书育人中，涵养一颗永远不老的童心，在诗意的教育生活中，让心灵丰盈，在陪伴同学们成长的过程中，感受彼此的鼓舞，在师生情谊传递中，演绎成彼此一生中温暖的念想，这便是对教育意义的响亮回答，对教育人生的生动诠释。

第二个途径是爱，关爱他人。这个世界因爱而美好，教育是传递爱的事业，教育因爱而五彩斑斓，婀娜多姿。如凯兴斯泰纳所说："教育者的职业活动无疑是最近似母亲的工作。""其工作动力源于对人的爱，而被爱的人是她的亲骨肉。"也如泰戈尔的诗句："让我的爱，像阳光一样包围着你，而又让你，拥有光辉灿烂的自由。"

爱是成全，是给予，是关爱他人，是为他人着想的善良。在一个有五十个人参加的研讨会上，五十个人一起走进一个装满气球的教室，主持人提出一个非常奇怪的要求：给每人一个气球，要求大家在气球上用笔写下自己的名字。接着将气球收集起来，放到另一个房间。然后大家被带到这个房间，要求在五分钟内找到写着自己名字的气球。

为了找寻到写有自己名字的气球，大家发疯似的寻找。喧闹、抽拉、碰撞、推挤、踩踏，现场一片混乱。五分钟过去了，没有一个人在规定时间内找到自己的气球。

主持人喊停，并要求大家随便找个气球，然后把气球递给上面有名字的人。不到两分钟，大家都捧到了自己的气球。

给予他人想要的，就会得到你想要的，给予他人爱，就会自然而然地得到爱，这就是爱的本质，这也是生命的意义！

第三个途径是拥有克服困难的勇气。我一直认为，奋斗路上不平坦，前进的路上一定布满荆棘，人生征程绝对坑坑洼洼，不论怎样，我们要始终坚持对学习的热爱，对学生的热爱，对学校的热爱，对职业的热爱，对未来的热爱。

希望我们每一位同学在心中，都播下一颗坚毅的种子，经受风霜不气馁，承受挫折不放弃。当有一天，在高中毕业纪念册上写下自己名字的时候，我相信，那将是一个勇敢坚强、卓尔不群、乐观自信的名字。

希望我们每一位老师在灵魂里，都撒下职业信仰的花蕾，面对困难不低头，经受压力不懈怠。当有一天，朝夕相处的学生向我们挥挥手，依依惜别的时候，我深信，教师的荣光，都将刻在他们的记忆深处！

生命的每一段，都有宝贵的意义。诗和远方是美好的，但人生最亮丽、最动人的风景，是当下的每一步。我们每个人，也都有着属于自己的生命意义，而这个意义，不是虚无缥缈的，而是存在于当下这一刻、这一天、这一生。它等待着我们去发现，去挖掘，去演绎，去诠释，去活出我们人生的独特色彩，去收获我们人生的应有意义。

三、坚持创造奇迹

大家知道马和骆驼一辈子谁走的路多？你也许会觉得是马，那就错了，其实骆驼走的路要远远比马多。因为马跑一会儿就得停下来，而骆驼一旦开始走，如果不让它停，它是不会停下来的。

如果要问大家能够到达金字塔顶端的是哪两种动物，你也许会说出其中一种是雄鹰，但你绝对想不到还有一种是蜗牛。雄鹰靠强健的双翅飞上去，而蜗牛靠的是锲而不舍的毅力，坚持不懈、永不停歇、永不言弃。

之前我写过一篇文章，谈到一个人每天多努力一点点，哪怕这"一点点"就是"0.01"，一年之后，$(1+0.01)$的365次方等于37.78343433289，进步就会很大，远远大于"1"。问题是很多人一天多努力一点点，那没问题，但是要一年、三年、五年、十年坚持下去，那就很难了。正如毛主席所说，一个人做一件好事并不难，难的是一辈子做好事而不做坏事。

事实上，你每天比他人多努力那么一点点，比如多想一点点、多做一点点、多用心一点点、多学习一点点，日积月累、持之以恒、水滴石穿、磨杵成针，你就会获得长足进步。

一张报纸，对折再对折，反复地对折，这张报纸哪怕只有0.1毫米厚，把这张报纸对折51次的时候，想一想将会达到怎样的高度呢？大概有一个冰箱、一层楼或者一栋摩天大厦那么高？不，差太多了，通过计算机模拟，这个高度超过了地球和太阳之间的距离。

同样的道理，一个人只要在认准的方向上坚持下去，坚定地做下去，你的人生最后将达到别人永远不可企及的高度，更会让你变得不可替代。

人生几十年一路走来，我不敢懒惰，也不敢懈怠，不管在哪个岗位，也不管面对什么条件，我都没有停下脚步。到了现在，我更未有丝毫的松懈。

我一直认为我就是骆驼，就是蜗牛。因为我明白，跑得快不如跑得久，笨鸟必须先飞。因为我也深知，一个人的作为不在起点如何，而在于面对起点的行动；人和人的差异不在于天赋，而在于对目标追寻的坚持。

人的成长就是一个不断坚持的过程,对优秀的人而言,坚持是走向成功的不二法门。人生的路上,将面临各种各样的机遇、诱惑,也会遇到很多的挑战、困难,甚至是挫折、逆境,无论是怎样的一个状况,我们都需要有咬定青山不放松的执着,都需要有任尔东西南北风的勇气,都需要有衣带渐宽终不悔的坚守,都需要有自信人生二百年的豪迈,都需要有闲庭漫步看花开花落的淡定。

四、阅读点亮人生

我们跟黑猩猩98.5%的基因是相同的,只有1.5%的基因不同。为什么我们跟黑猩猩的基因只有1.5%不同,可是我们和黑猩猩的现状却有如此巨大的差异?

其差异在于我们有文字的传承,我们有阅读的能力,我们是所有动物里面唯一能够享受祖先智慧的动物。

牛顿说,我们是站在巨人的肩膀上,这句话是有道理的。

我经常说,一个校长其他事都可以不做,如若只做一件事情,那就是营建书香校园;一个老师其他事都可以不做,如若只做一件事情,那就是带领学生读书;一个学生其他事都可以不做,哪怕不刷题,不补习,如若只做一件事情,那就是多读书。

看起来说得有点绝对,但是读书对于教育的改变,对学业成绩的提升，对学生未来人生的发展，那是功莫大焉！

我们且不说阅读能够改变教育，阅读能够助推学业，阅读能够赢得高考，阅读能够书写人生，单就阅读对于我们每一个生命个体，那是多么曼妙温馨，美好可人的事！

读书是一种美好的相遇，我们在书中，相遇美好的人物，相遇美好的事物，相遇美好的灵魂，相遇美好的自己，让自己变得与众不同，让你悄悄成为美好的自己，让你的人生更加丰盈、更加有趣、更加饱满。

读书也许不能直接给你带来财富和地位，但它可以给你带来乐观的心态，可以给你带来强大的内心，可以给你带来更大的视野和境界，可以让你拥有更高的品位和格局。

读书也许不能一下子给你带来好运，但是它可以使你在每次遇到人生低谷的时候，在心里建起一座花园，花园四周开满灿烂的蔷薇，再难的困境都能给你透出一丝芬芳，都能给你一份心灵的慰藉。

读书也许一时半会儿不能给你带来好处，但是你读过的书、你的学养性情都在你的一举一动中，生活中的一言一行，甚至每一次思考，都会留下曾经读过的那些书的痕迹。甚至在你的气息里，都会藏着你读过的书、走过的路、穿过的衣服，以及爱过的人。

读书也许不能最终给我们贴上很多耀眼的标签，但是只要坚持一段时间，就能看到显而易见的改变，不仅仅是气质的改变，而且是细胞、分子结构的改变，相貌的改变。其实，一群人坐在那里，谁是谁，谁怎样，一看就明白，其关键在于谁是读书人，谁读不读书，读了多少书，读了什么样的书。

读书也许不能让我们长命百岁，但是读书能够延伸我们生命的宽度，增加我们生命的高度，拓展我们生命的厚度。书中收藏着百代精华，不读书的人只能活一次，读书的人却可以经历千种人生，享受万般风情。

五、重要的是赢得人生大考

高中的教育生活固然应该重视分数，为分数而教；高中的学习生活固然不能忽视分数，为分数而学，但是，分数并不是我们教育生活、学习生活的全部！

农村高中的发展态势如果首先定位于拼分数，那么从开始就注定了失败，最终都成为失败者，那是必然！

其实，高中的学习生活应该是多姿多彩的，我们完全可以着眼于立德树人，着眼于学生的幸福成长，着眼于过一种快乐的学习生活。成人比成才重要，成长比成功重要，育人比育分重要；我们完全可以坚持君子爱分，取之有道，坚持跳出高考抓高考，跳出高考抓备考，坚持戴着镣铐也能跳出优美的舞蹈；我们完全可以让学生在起点上赢得高考的同时，赢得更重要的未来人生大考；我们完全可以通过做良知教育和有温度的教育，让学生能够成为终身阅读者、坚持锻炼者、问题解决者、责任担当者、审美创造者、优雅生活者。

对于高考，我们更应该拥有一颗平常心。

因为高考说到底，它就是人生中的一次考试。对于一次考试，你不应该太紧张，也不应该太在乎。对于考试，心态的调整至关重要。

因为高考说到底，它就是人生中的一个小站。高考是人生的一个阶段性总结，人生的一个小里程碑，但它不是人生的全部，也不是人生的所有意义。衡量一个人的人生作为，不全在高考，除了高考，还有很多选择。每个人的命运，都不是由一次考试决定的，都是多次选择的结果。

高考说到底，它就是人生中的一个新起点。高考可以让一个人进入一道门槛，进入一个新的起点，并有可能由此通向未来的征程。但是人生是一场漫长的马拉松，左右人生命运的因素也千变万化，即或输在高考，不一定输了人生，赢得起点，不一定胜在终点。

大鹏之动，非一羽之轻；骐骥之速，非一足之力。让我们高扬起信仰的大旗，凝聚起共同的信念，以饱满的热情，振作的精神，虔诚的姿态，笃定前行。

第二讲 拒绝『躺平』，教师要有勇气走出职业舒适区

在我们身边，总有这样一些教师，工作十多年，对教育教学相当熟悉，对教材教法也了如指掌，既有教育教学经验，又积累了相应的管理学生的办法和智慧。按理说，这是这些教师的财富，可以以此为起点，通过提升拔高，不断走向优异，走向卓越。

然而，一些教师一旦成为"有经验的教育者"，便不再去触及教育教学的"深水区"，往往固守自己的"经验"不放，过于依赖自己的"经验"，靠着"经验"吃老本，躺在自己的"经验"上睡大觉，因循守旧，按部就班，不思进取，缺乏创新。

这种教师实际上已经不知不觉地进入了职业的舒适区。他们在舒适区"躺平"，在舒适区轻松自在，在舒适区稳稳当当，在舒适区优哉游哉过日子，甚至在舒适区消磨时光，等待"多年的媳妇熬成婆"。

什么是舒适区？舒适区指的是一个人在比较稳定的环境里所表现出来的消极的心理状态和习惯性的行为模式。在舒适区里，人们会觉得舒服、自由、放松，有安全感；走出舒适区，意味着要付出代价，要突破固有，要挑战不确定性。这当然会带来相应的不舒服、不习惯，带来相应的对自己的"狠"，对自己的折腾。

可以这样说，一个个舒适区，它像横亘在职业路上的堡垒，成为前行路上的障碍；也像那些可以遮风挡雨的避风港一样，阻挡我们去看海的脚步；也像鸦片一样，让人们在吞云吐雾中，瓦解斗志，懈怠意志。

教师一味满足并停留于舒适区，无忧无虑，自得其乐，安于现状，这将如同套牢自己的一根绳索，桎梏身心，束缚发展，禁锢思维，以至于停步不前，萎靡不振，头脑生锈，思想老化，极大地遏制了教师专业发展，最终将落得一个"温水煮青蛙"的结局。

每个人都是一座巨大的金矿，所蕴藏的潜能超乎想象，可供挖掘的潜力深不可测。教师只有挑战自己的舒适区，跳出职业的舒适区，永不停歇地进取和沉淀，便终会遇见更好的自己。这当然需要教师具有战胜自我、超越自我的勇气。

教师要走出职业的舒适区，我认为可从以下六个方面做出一些努力。

一、把学习作为一种时尚

学习永无止境，学习永远不可能毕业。两千五百多年前的孔子所说，"知者不惑，仁者不忧，勇者不惧"，要达成这样的境界，唯有不断地学习。

正如尼采所说，"那些喜欢学习、善于积累知识的人不会感到无聊，因为他们的心里想的是如何将今天学到的知识转化为明天的智慧与教养，他们会觉得所有的事情都是那么引人入胜，所有的事情都在向好的方向发展"。

的确，一个喜欢学习的教师，总会有着对教学工作、对教育事业、对自己的学生取之不竭的动力，不管是在哪个年龄阶段，都有着热情奔放、青春永驻般的活力，都有着生命不息、奋斗不止的进取力。

因此，教师应该树立终身学习意识，应该把学习作为一种生活的方式，一种生存的必需，一种生命的状态。在学习中提升素养，升华教育境界，远离职场舒适区。

二、我思固我在

思考与学习不可分割，教师思考本身也是一种学习。

教育区别于其他人类劳动的显著特点，是其具有创造性与不确定性，加之教育客体的主观能动性，决定了教育是一种复杂的心智活动。因此，教师必须养成爱思考的习惯，必须时时处处对教育进行思考，必须由"经验型"教师转化成为"思考型"教师。

美国心理学家波斯纳提出了教师成长的公式：成长＝经验+反思。如果一个教师仅仅满足于获得经验，凭经验应对复杂的教育教学活动，而不对经验进行深入的思考，即便是有再丰富的教育教学经验，也只是对工作的无数次机械重复。

从事任何职业都要经常坚持思考，坚持反思，对于教师更是如此。在很多习以为常、司空见惯的教育教学现象背后，往往有很多值得我们思考与反思的地方。教师不断思考与反思这些问题，才会有收获，有成长，有发展。教师善于通过思考与反思，从现象中把握本质，从个例中摸索规律，从教训中汲取经验，把教育失误变成教育财富，这是决定一个教师能否走出职业舒适区的关键因素。

人因思想而伟大。教师不可能都成为思想家，但是教师应该成为一个热爱思考、善于思考的人，因为这关系着教师是习惯于平庸度日，还是不遗余力突围舒适区，不断超越自我。

三、行走于研究之路

要想真正走出舒适区，教师要结合教育教学的日常研究，这是不二法门，也是必由之路。

教师的工作仅停留于简单的知识传授，就很容易陷入日复一日、年复一年的单调与重复的劳动中。教师若以研究的姿态，在研究中工作，在工作中研究，从已知中探索未知，从事实中抽象出概念，从问题中发现机会，便能点燃他的教育理想，激发教书育人的热情，使重复性的工作不再枯燥乏味。

苏霍姆林斯基非常重视教师的研究，他说："如果你想让教师的劳动能够给教师带来乐趣，使天天上课不至于变成一种单调乏味的义务，那你就应当引导每一位教师走上从事研究这条幸福的道路上来。"他还说："不研究事实就没有预见，就没有创造，就没有丰富而完满的精神生活，就不会对教师工作发生兴趣。不去研究，积累和分析事实，就会产生一种严重的缺点——缺乏热情和因循守旧。"

教师的研究，不同于学术上的研究，它是对自己教学行为的理性梳理，对自己平常教学思考的系统整理，对教育教学素材的点滴积累。

教师的研究，包括对自己的研究，以"知己"；对学生的研究，以"知彼"；对教材的研究，以"知书"；对教法的研究，以"知理"；对课堂的研究，以"知趣"；对教育的研究，以"知法"；对人生的研究，以"知道"。

教师的研究，它能让教师站在更高的高度，以更宽广的视野、更有效的角度，去解读文本，去规划教学，去架构课堂，去对待学生，去诠释教育。

在这样的一个研究过程中，收获成果并体验成果，收获快乐并享受快乐，陶醉其中而又一路前行，步履不停，便能看到并感受到教育一路的美好。

四、站在自己肩膀上腾飞

我一直主张教师写作，但教师写作不是文学创作，每一个教师都必须立足自身，立足日常教育教学实践，坚持做了些什么就写什么，想到了什么就写什么，发生了什么就写什么，把每天的思考，每天的教育教学点滴，每天所生成的经验与教训，作为写作的"源头活水"。基于这一点，每一个教师都可以成为教育写作者。

教师一旦拿起笔来写作，就表明他还没有消极懈怠，还没有苟且于人生，还没有屈从于那也许不尽如人意的教育现实，也表明他不愿意在舒适区就这样待下去，不愿意拿着那张旧船票去重复昨天的故事，更表明他还有追求，还有梦想，还有远大的教育理想，还有一腔热血，准备豪迈地为此挥洒于教育这一片充满浮躁、功利与焦虑的苍穹。

教师一旦拿起笔来写作，就标志着他打开了他的思考之门，开启了他的阅读之旅，也标志着他将站在巨人身上做事，站在自己肩膀上腾飞，更标志着他将与孩子们在一起的教育生活，不再是刷题和考试，不再是分数和排名，不再是窒息压抑，而是一种快乐而幸福的读写生活。

教师一旦拿起笔来写作，就象征着教师会通过写作，让自己在写得精彩的同时，做得精彩、活得精彩；也象征着教师通过写作，在对文字的打磨中，不断地打磨自身，在对文字的提升中，不断地提升自身；更象征着教师通过写作，在让文字记录岁月的同时，记录自己一路的付出，一路的成长，一路的发展，在让文字成为永恒的同时，让自己每天的教育生活成为永恒。

五、向墨守成规说"不"

创新是民族的灵魂，也是教育的真谛。教育是创新的事业，没有创新，就没有教育的发展。

对于教师，是否具有创新的品质和精神，这很重要，可以说这是决定一个教师是教书匠还是教育家的分水岭，也是决定一个教师是习惯于舒适区，还是敢于打破舒适区，勇于突破自我的显著标志。

教师创新的重点应该是课堂的创新、教学的创新，然而不少教师缺乏创新课堂、创新教学的动力，采用老套路，满堂灌，照本宣科，教师主宰课堂的一切，把孩子仅当成接收知识的容器，老生常谈，一律照旧，没有任何新意。课堂改革、教学改革，提出这么多年，可一些教师仍然是谈"创新"而色变。

课堂的创新，教学的创新，很重要。伍斯特学院教授、教育专栏作家詹姆斯·M. 朗在其书《如何设计教学细节：好课堂是设计出来的》中有一个观点，好课堂的不同之处，在于细节设计的不同。而且认知心理学、大脑科学的前沿研究成果也表明：只要在教学细节上进行微调，就能让学生的学习效率大幅度提升。

其实，立足课堂又超越课堂，立足教学又超越教学，在这种创新中，不仅仅要激活课堂，优化教学，关键是考验教师对课堂的态度，对教学的态度，对学生的态度，对职业生涯的态度，甚至是对人生的态度。

六、山不过来，我就过去

人不能同时踏进同一条河，这个世界上的一切都是变化着的，唯一不变的，是变化的本身。

一些教师喜欢沉沦于舒适区，因为他惧怕改变；一些教师在头脑中固化的应试思维，应试教育理念，为应试教育推波助澜，让应试教育愈演愈烈，但却不愿意改变；还有一些教师在一个团体，人际关系不好，常遭人诟病，却仍然固执己见，不善于对自己做出一些改变。

说猴子想变成人，必须砍掉尾巴。在动手砍尾巴前猴子被三件事困住了：一是砍尾巴的时候会不会很疼？这说明改变是有一定痛苦的。二是砍了尾巴之后身体还能不能保持灵活性？这说明改变会有一定风险。三是活了这么久，一直以来都和它在一起，跟了很多年了，没有它是不是习惯？这说明改变在情感上会有些难受。所以说，猴子至今没有变成人。

教师应该坦然地面对各种困难，学会改变自己，适时地改变自己，在一次次的"山不过来，我就过去"的主动改变中，适应环境，适应周遭，适应他人，适应教育发展的潮流；在一次次的磨砺改变中，提升自己，完善自己，突破自己，蹚出职业的舒适区，走出一条具有自己鲜明个性的发展之路。

教师走出职业的舒适区，确实需要很大的勇气，但只要我们迈开脚步，一往无前，就会感受到它带给我们的欣喜，就能够欣赏我们人生沿途无限曼妙的风景！

第三讲 年轻教师成长应该记住的五句话

成长永远比成功重要，相信年轻教师都明白这个道理，那么年轻教师该如何去成长呢？

我以为，应该牢记以下五句话，并围绕这五句话做些思考和努力，我们的年轻教师定会在新的起点上得以蓬勃成长。

一、责任与生命同在

在这个世界上，有一种东西让人们始终挥之不去，也将人们始终联结在一起，这种东西便是责任。责任胜于能力，责任大于使命，责任意味着机会，责任比态度更重要。

"责任"这个神圣的名词，告诉我们一个人应该成为怎样的人，可以成为怎样的人，一定要成为怎样的人。

"责任"这个崇高的称谓，能够让一个人在软弱的时候坚强起来，在懈怠的时候变得勤奋，在畏惧的时候勇敢地面对，在失去信心的时候拥有无限憧憬和希望。

在工作和生活中，我们每个人都扮演着不同的角色，每个身份属性都代表着一种责任，每个人身上都承担着一份使命。

年轻教师一方面作为社会的一员，要对自己的人生负责，要对自己的所作所为负责，又要对他人和这个社会负责，不断给身边人带来积极影响，向这个社会注入正能量。另一方面作为教育的一分子，应该牢记自己的责任和使命，对事业倾注心血，对教育倾注热情，对学生倾注关爱，多一份情怀和担当，多一点压力和动力，多一种良知和使命。

教育是日常的浸润，平常的生活，我们对教育的责任，对学生的担当，也绝不会是轰轰烈烈，惊天动地。

收起怒气，换种语气和方式批评学生，是责任担当；收起偏见，给贫弱的学子多一点笑容和关爱，是责任担当；收起虚荣，直面每一节课的成功与失败，也是责任担当；收起惰性，多一些学习，多一些思考，多一些对教育教学的研判与琢磨，立足自身，让教育多一些温暖，多一些改变，更是责任担当……

让我们在责任中体现价值，在责任中实现自我，在担当中不断成长。

二、最好的工作是使你得到学习的机会

教师这个职业，虽然社会经济地位提高了，但是永远都不可能

给你带来显赫的地位，也不可能给你带来一生受用不完的财富。选择教师这个职业，便选择了清苦清贫，选择了艰苦艰辛。

然而教师这个职业，却是一个责任重大、使命神圣、与时俱进、常教常新的职业，是一个让你内心世界丰盈，精神上也特别富有的职业，是一个需要不断学习，需要学会学习，需要终身学习的职业。

教学相长，给学生一碗水，自己要有一桶水，这一桶水，还不能是死水，要是取之不竭、源源不断的长流水。从这个意义上讲，教师这个职业，还是一个能使自己得到很多学习机会的职业。

罗素在《论教育》中说："最好的工作不是能够给你带来多少财富，而是能够使你得到终身学习的机会。如果你遇到这样的工作，那么一定要牢牢地抓住它。"

事实上，一份只需要简单重复、机械劳动的工作，只会让我们感到单调乏味，枯燥憋屈，只会让我们淡去热情，丧失斗志，而获得一份能给我们提供终身学习机会的职业和工作，能促使我们在工作中不断进取，努力钻研，从而使我们心灵充实，眼界高远，不断给自己提出新目标，增添新动力，让我们充分享受和体味职业的诗意与美好。

既然如此，一方面，我们要热爱自己的工作。热爱不仅是靠嘴巴说说而已，它最重要的实践态度就是，用心教好书育好人，用心做好每一件事。

什么是用心？我觉得，用心就是敬业精业，把敬业当成习惯，把精业进行到底，让自己拥有不折不扣的职业精神；用心就是把简单的事做得不简单，把普通的事做得不普通，把平凡的事做得不平凡；用心就是用自己的心去对待别人的心，用自己的心去触动他人的心，用自己的心去感染孩子的心；用心就是全身心地投入到工作中，用爱心做教育，用良心履职责，用善心处同事，用包容心去接纳一切，用责任心去做每件事，用感恩心去回报社会。

另一方面，我们应该树立终身学习的意识。学无止境，学历只能代表过去，只有学习能力才能够代表将来。我们应该把学习作为生活的必需，作为生存的前提，作为生命的状态，不断学习、不断反思，在学习中内外兼修，在学习中浸润心灵，在学习中提升自己的教育素养，在学习中升华自己的教育境界。

三、每天多做一点点，让自己变得不可替代

美国的盖洛普民意测验所曾对一百多位多才多艺的社会名流的成功经历进行调查，他们从中发现了一个令人吃惊，但也极其简单的结论：他们的辉煌只不过是每天多用了一点时间来做其他事情。

第二次世界大战期间，美国总统富兰克林·罗斯福的精力十分旺盛，许多人都认为他是休息得好，还有人认为他是食用了营养

品。但盖洛普的调查结果却是罗斯福每天都花一个小时的时间，把自己关在屋子里玩邮票。

世界织布业的巨头威尔福莱特·康日理万机，他在中年以后却成为一名出色的油画家。原因是他每天早起一个小时来画画，一直画到吃早饭为止。画画让他养成了早起的习惯，因此他的身体也变得特别健康。十多年过后，他所创作的油画有几百幅被人以高价买走。好心的他把卖画的钱全都用作奖学金，发给那些攻读绘画艺术的学生。

一个人，只要他每天肯花一点时间来做有意义的事，不管那件事是否与工作有关，都可以创造辉煌。

我在想，如果我们的教师在工作中每天比他人多做一点点，比如，每天挤时间读点书，每天坚持做点读书笔记，每天坚持写点教学反思。每天比他人多想一点点，比如，怎样做学生的德育工作更有效，一堂课怎样组织教学效果会更好，班级文化怎样营造才更温馨，对学生的个性化教育，怎样实施才能让学生得到个性化发展。

这样，每天就能多收获一点点，每天就能多进步一点点，虽然只有这么一点点，但是日积月累，坚持不懈，不断增加，这种增加我认为不只是简单的量的叠加，而将是一种几何级数的增长。

长此以往，水滴石穿，你的进步，你的成长程度肯定都会让你感到吃惊，你的发展，你的变化速度肯定没有什么力量能够阻挡，你将超越自己，超越他人，走出一个多姿而绚丽的人生。

四、忙碌着，但不要盲目着

我了解到，有很多人包括我们的一些年轻教师，他们整天都在忙碌着，可以说是从早忙到晚，从眼睛一睁，一直忙到熄灯，一生都在忙碌着，从满头黑发一直忙到白发苍苍。

忙、忙、忙，忙得晕头转向，忙得焦头烂额，忙得忘了自己，忙得不知道为何而忙，这种盲目的忙碌，往往费力不讨好。

一个人勤奋地工作很重要，勤奋而聪明地工作更重要。勤奋不等于蛮干，勤奋需要巧干。我们不一定知道正确的道路是什么，但绝不能在错误的道路上走得太远。

在我们还没有弄清楚正确的道路时，宁肯把手头的工作停下，也不要盲目前行。就像我们走在十字路口而不知道去向的时候，必须停下脚步，停步就是进步，直到把路打听清楚的时候才能行进，不然走得越远，付出的代价越大。

人生苦短，工作和生活中有太多的事情等着我们去做，有太多的急迫的、重要的事情等着我们去处理，我们却又分身乏术，那么，我们就要集中精力把有限的时间用在最重要的事情上。

如果被各种琐事、杂事所纠缠，总是静不下心来做该做的事，不但会把自己弄得筋疲力尽，心烦意乱，还会影响自己的工作效率和工作业绩。

所以，作为年轻教师，一定要学会管理好时间，一定要根据事情的轻重缓急，安排好工作的先后次序，先做重要且紧急的事，再做重要但不紧急的事，然后考虑紧急但不重要的事，最后处理不紧急也不重要的事。

有这样一个故事，一个人在客厅里挂了一幅画，画已经扶好，正准备钉钉子，路过的邻居看到后，说这样不好，最好钉两个木块。主人家没有木块，便叫邻居帮忙找木块。木块很快找到了，正要钉时，邻居说木块有点大，需要锯掉点。于是四处找锯子，邻居找来锯子，发现太钝了，又四处找来一把锉刀，锉刀拿来了，才发现没有手柄。为了给锉刀安手柄，邻居又来到一片灌木丛里寻找小树。要砍时，邻居发现主人那把生满铁锈的斧头不能用。邻居又找来磨刀石，在固定磨刀石时，才知道需要几根木条，为此，邻居又到村子里去找木匠了。这一去，主人等了好久都不见邻居回来，便只好按照原来的设想，一边一个钉子把那幅画钉在了墙上。显然，邻居忙碌的每件事都是正确的，然而他却没有做正确的事，这种人看似忙忙碌碌，一副辛苦的样子，最后，有可能连他自己在忙什么都不知道。

我们要明白，要正确做事，更要做正确的事。做正确的事远比正确地做事重要。

五、每一个人都可以成就卓越而幸福

大家的岗位虽然平凡而又普通，但是我们每一个人都是可以通过努力，让自己拥有一个平凡而不平庸、卓越而又幸福的人生。

一是学会吃两道"菜"。首先要学会吃亏。有一则笑话，说的是一个人不慎掉入河中，大呼"救命"，前来相救的人大喊："把手给我。"这个人硬是不肯。眼看快要沉下去了，救人者灵机一动，又大喊："给你，我的手。"这个人马上把手伸了出来。现实生活中，像落水者一样生怕吃点亏的人，还很多。

做人吃点亏，是好事，而不是坏事，它体现了一个人的胸怀与气度，它反映了一个人的人格与魅力。做人吃点亏，可以赢得更多的朋友和人脉，可以获得他人的信任和尊重，可以求得事业上更大的发展机遇与空间。

吃亏上应该向手表里的秒针学习，秒针最辛苦，走的路最多，人们看手表，首先看时针，再看分针，对于秒针，好像可有可无，根本没有顾及，按理说，秒针太吃亏了，但是秒针丝毫不计较，还是嘀嘀嗒嗒、任劳任怨地走个不停。

其次要学会吃苦。吃亏是福，吃苦更是福中之福。一些年轻人，工作条件差点，工作环境苦点，工作任务重点，便叫苦不迭，怨声载道，有的人还把这种情绪带到工作上，说到底，还是缺乏一

种吃苦的精神。

不吃苦中苦，难为人上人。要在某个领域、某个行业、某个方面出类拔萃，就必须能吃得苦，就必须多吃苦。

可以说，任何一个成功的人、一个有作为的人、一个出人头地的人，没有一个不是通过一路吃苦走过来的。人生最大的幸福是先苦后甜，苦尽甘来。人生最大的悲哀却是先甜后苦，甜尽苦来。

二是要有梦想，更要有行动。理想可以有厚度，幻想可以有高度，梦想可以有深度，但最终需要行动。再长的路一步一步才能走完，再短的路，不去迈开双脚永远都无法达到。

有梦想，就像站在湖边的游泳者，如果只站在那里空谈，或者只站在那里做几个热身动作，甚至虚晃几招，然后回到更衣室，又有什么用呢？我们需要的是在热身之后，立即跳下去，并且一直朝向目标，使劲地游，不管速度快与慢，不管姿势笨拙与优雅，总比站在湖边强多了。

三是坚持，最完美的工作态度。人生旅途中，选择是我们要做的第一件事情，努力工作是我们要做的第二件事情，那么第三件事情就是不懈地坚持。大凡事业有成的人，无一不是坚持不懈的结果。

有一个故事，我记得非常深刻。一位记者去访问阿拉斯加的金矿大王约翰逊时，问他的成功秘诀是不是运气，约翰逊反问道，是运气吗？记者不解，金矿大王笑着说，他当时在荒废的矿里发现一把生锈的十字镐插在泥土中，就用力把十字镐摇动了几下，然后拔起，没想到十字镐下面有许多金矿，因此发现了金矿。假如那个十字镐的主人，能够再稍微地坚持一下，摇动一下十字镐，那么，今天的金矿大王就是他了。听了这个故事，你说这是运气吗？如果说是，那这运气只会光顾那些有准备、能够坚持的人。

年轻教师走上工作岗位后，刚开始肯定会有十足的热情和激情，还会有许多梦想和打算，但是在后来的学习、生活、工作中，一定会遭遇许多挫折和失败，甚至会承受很多苦痛和打击，如果没有坚持的毅力，是很难保持昂扬激情的，也是很难实现梦想，有所作为的。

四是要优秀，要卓越，更要幸福。优秀、卓越是自己的一种追求，也是外界对你的一种认可和评价。而幸福是自己的一种内在感受，幸福不幸福只有自己知道。他人认为你幸福不一定真幸福，他人认为你不幸福不一定真不幸福。

一些人为了赢得所谓的优秀、卓越，可能失去自己的本真，失去自己的内心，失去自己的优雅，让自己变得势利，变得功利，变得浮躁，以至于离幸福越来越远。

一百年前，深悟人性的托尔斯泰就已提醒说："不要让外在的生活压倒内心的生活，不要磨灭和闭塞灵魂，要让灵魂成长壮大，让灵魂得到幸福，而只有灵魂的幸福才是真正的幸福。"

年轻教师如果仅追求优秀、卓越，除了失去自我外，还有可能急功近利，拔苗助长，违背教育规律，成为应试教育的死党和追随者，这样下去，既苦了自己，又害了孩子，"为孩子的未来幸福人生奠基"就会成为一句空话。

年轻教师不一定非要追求优秀，也不一定要使自己卓越，但一定要尽可能感受幸福，尽可能收获职业的幸福，尽可能与孩子们一起，过一种快乐而幸福的教育生活。

我以为，如果年轻教师随时都有一种幸福的感觉，能够享受教师职业的幸福，能够让自己无时无刻不徜徉在幸福的海洋里，即或是暂时不优秀、不卓越，我以为也值，一直这样幸福下去，其实离优秀、卓越就不远了，甚至比那些所谓的优秀老师更优秀、更卓越。

我们的年轻教师携上这五句话前行，成长便永远是一种进行时！

第四讲 新入职教师应该突围入职期

很多新教师在入职前都十分期盼，想到自己将要站在神圣的讲台上，挥洒自己的青春和热血，演绎自己的教育人生与风采，心情也无比激动。

但是不少新教师在入职后，却因现实中的种种原因，遭遇诸多尴尬与无奈，有的丧失信心，有的心灰意冷，有的打退堂鼓，有的得过且过。

休伯曼的教师职业周期模式将教师的职业生涯归纳为5个时期：入职期、稳定期、实验和歧变期、平静和保守期、退出教职期。入职期是指教师入职的第1—3年。在这样的一个阶段与时期，新教师面对新的工作，一方面会表现出饱满的热情，强烈的求胜心，认真负责的工作态度，另一方面又会因面对的各种困惑而感到无力。

那么，新入职教师怎样才能突围这个入职期呢？

一、认识自己

人生最大的敌人是自己，人，最难看清的是自己，最难战胜的也是自己。

培根说："认识自己，比认识世界更难。"

苏霍姆林斯基说："人，最大的胜利就是自己征服自己的胜利，要想征服自己，首先就得正确认识自己。"

希腊哲学家一天中午在太阳底下，拿着一根点燃的蜡烛在街上走，像是在找什么，他的学生跑过去问道："老师，您在找什么？"他说："找自己。"

为什么要找自己？一是天天与自己在一起，不会注意到自己。二是容易把注意力放在别人身上。一个人的身上都背着两个包袱，前面一个写着"他人的过失"，后面一个写着"自己的过失"，前面一个随时可以看到，后面一个却很难看到。所以，要认识自己，必须把两个包袱时常调整，换着背，或者把两个包袱都挂在前面。

还有一则心灵故事，说的是有一只狐狸早晨起来，在晨曦的照耀下，影子拉得很长很长。它看到自己的身影自言自语："今天中午我要用一只骆驼作午餐。"整个上午，它奔波着，寻找骆驼。但当正午的太阳照在头顶，狐狸看到自己一丁点小的影子时，于是说："我只需要一只老鼠就够了。"狐狸一味受影子的左右，缘于没有正确认识自己。

对于新入职教师，首要的一点是善于认识自己。一方面要了解自己，明白自己的优势，知晓自己的不足，给自己一个准确的定位，避免眼高手低，好高骛远。另一方面要认同自己。要认同自己作为一个独一无二的个体，树立自信心，充分接纳自己，看重自己，善待自己；要认同自己所从事的教师这一神圣的职业，看清教师职业独特的价值，理解教师职业的特殊意义，爱岗敬业，精业乐业。

二、把困难当作机会

刚入职的年轻教师，之前的学习与生活，都有人呵护着。如今走上工作岗位，独当一面，各种困难将会不约而至。

在过去从来没有遇到过的困难面前，有的新教师可能如临大敌，要么惊慌失措，坐立不安；要么牢骚满腹，怨声四起；要么束手就擒，坐以待毙；要么悲观失望，一蹶不振。

有了这样的态度和做派，实际上已经被困难吓倒，心甘情愿做了困难的奴隶。这样的老师，很难专注于自己的职业，也很难拥有快乐而幸福的教育生活，甚至很难在教育的路上信心满满地走下去。

俞敏洪说："人生出来就是为克服困难而来的。"他还把困难比作狗，他说："困难就像狗一样，狗是既怕人又不怕人的动物，如果你看到一条狗时迎头走过去,这条狗不会咬你,会给你让路;但是如果你见到它就跑,它就会咬你,连哈巴狗也会追着咬你。"

如果新入职教师能够直面困难,正视困难,把困难当作历练自己的机会,不畏惧,不妥协,坚定地走自己的路,说不定会有另外一扇门为你打开,会有更多的成功机会向你招手,会赢得那一抹胜利曙光的亲抚。

对于困难,是被动接受甚至逃避,还是积极应对,乐观向上,这就基本上决定了新入职教师在今后的教育路上成长和发展的程度。很多年轻教师,后来之所以能够成长为名师,都是一路披荆斩棘,从克服一个个困难中成长起来的。

三、逆境是上帝在帮你淘汰竞争者

人生难免会遇到逆境,遭受挫折,碰上烦恼。人出生时的第一声啼哭就意味着人生要遭遇无数的逆境,承载与生俱来的很多痛楚与悲伤,注定要经过欢乐与痛苦交织而成的生命历程。

逆境是人生的必修课,也是人生最好的老师。遇到逆境并不可怕,相反,它会让你多了一种体验,使你的生命更丰富;它会让你有更多战胜逆境的经验,使你能坚定地走完一生;它会让你的意志更坚强,使你能从平凡走向优秀,走向卓越。

古今中外,有不少充满勇气和智慧的人在逆境面前向我们展示了积极的人生态度。比如文王拘囚，能演《周易》；孔子失意，亦作《春秋》；司马迁蒙难，而著《史记》；贝多芬耳聋，最终谱出扼住命运咽喉的《命运交响曲》；海伦·凯勒失明失聪，却胸怀光明，成为闻名世界的教育家和作家。试想，如果他们都受困于眼前的逆境，在逆境面前一蹶不振，萎靡颓废，他们还能够成为被千秋万世景仰的人吗？

对于逆境，大家都不愿意接受，也都不好受，也许很多人过不了这个坎儿，但是如果你能坚持下去，你能跨过去，你就胜利了、成功了。

你为什么不坚持，不勇敢地跨过去？我们有了人们羡慕、受人尊敬的职业，身体还这样棒，比我们不幸的人还有很多很多，当你在怨恨自己没有鞋穿的时候，你要想到还有很多人没有脚，你要想到在你身处逆境、怨天尤人的时候，还有很多大学生还在为没有找到工作而发愁。所以，你应该想得开，应该努力地战胜逆境。总有一天，你会明白，是逆境，成就了你，是逆境，帮你淘汰了众多竞争者。

普希金的《假如生活欺骗了你》，应该给身处逆境的教师带来更多的抚慰和启发。

四、要学做"聋耳"青蛙

常常有刚入职的年轻教师给我讲,当他们在工作上做出了成绩,在教学比赛中取得了名次,在竞课中拔得了头筹,在报刊上发表了文章,在科研课题上获了奖,总会有同事对他们说风凉话,迎接他们的总是挖苦和嘲笑。

有的年轻教师对此想不通,自己不就是想好好做一名教师吗?不就是想通过努力实现自己的人生价值吗?为什么会招来他人的嘲笑和嫉妒呢?他们不想进步,难道也不允许别人进步吗?

还有的年轻教师感到很苦恼,像泄了气的皮球,放弃了自我成长,不想再打拼前行。

的确,在现实生活中,有那么一些人,总是见不得别人超过自己,或者具体一点说是见不得身边的人超过自己,他们可以允许陌生人成功或者优秀,但却很难接受自己身边的、原来和自己在一个起跑线上的人超过自己。

面对这样的人,我们完全可以熟视无睹,听到这样的流言蜚语,完全可以不予理睬。人不能为他人而活,也不能活在他人的脸色与眼神中,要活在自己的内心世界里,要学做"聋耳"青蛙。

其实,没有人能阻挡我们成长,如果有,那个人就是我们自己。既然选择了远方,便只顾风雨兼程。成功的路上并不拥挤,只是坚持下来的人并不多,很多人常常败在他人的闲言碎语与冷嘲热讽中。

其实，我们完全可以不在乎这些，等我们走得远了，站得高了，距离拉开了，那一切的一切，都将变成成功的掌声。

五、适应环境最重要

从喧嚣的城市来到偏僻的农村，从美丽的伊甸园来到条件不是很好的学校，甚至是乡村中小学，面对环境的巨大反差，很多新入职教师心理上也许会产生巨大的落差。

是在反差与落差中消沉，还是勇敢地面对现实，努力地适应环境呢？这是对每个新入职教师的严峻考验，也是他们将要做出的选择。有什么样的选择就有什么样的行动，有什么样的行动就有什么样的人生。

有个怀才不遇的人，找一位智者诉苦。智者问他："你知道水是什么形状吗？"他答不上来。智者用瓢舀了一瓢水又问："水现在是什么形状？"他又把水倒进瓶子里问："水现在又是什么形状？"这下，怀才不遇的人终于明白了，水之所以能够装进不同的容器里，是因为它不断地改变自己，让自己适应了环境。

南美有一种会走路的树叫卷柏，一个地方的水分吸完了，它会把自己的根拔起来，把身体卷成圆筒，滚到有水的地方。有人做了这样一个实验，他们把卷柏固定下来，卷柏在若干次滚动失败过后，就放弃了迁移，而把根扎进更深的土壤里去吸收水分，最终让自己得以生存。

有一位姑娘的工作条件和环境不是很好，她经常在她当厨师的父亲面前抱怨。一天，父亲把她带到厨房，在三口锅里倒入一些水，把水烧开后，分别放入胡萝卜、鸡蛋以及碾成粉状的咖啡豆。十分钟后，父亲要女儿把胡萝卜捞出来，放入一个碗里，把鸡蛋捞出来，放入另一个碗里，然后把咖啡倒入一个杯中。父亲让女儿用手摸摸变软的胡萝卜，再让女儿把煮熟的鸡蛋壳剥掉，又让女儿尝尝鲜浓的咖啡，然后说："三样东西面对恶劣的环境——烧开的水，反应却不同。胡萝卜放入锅前是强壮的，放进开水里它就变软了。鸡蛋原本是靠蛋壳保护着蛋清和蛋黄的，开水一煮，它们就分开了。而咖啡很独特，倒入沸水，它倒改变了水。"

这些都告诉我们：你改变不了环境，但你可以适应环境；你改变不了现实，但你可以改变态度；你改变不了过去，但你可以改变现在；你不能预知明天，但你可以把握今天；你不能控制他人，但你可以把握自己；你不能事事顺利，但你可以事事尽心；你不能延长生命的长度，但你可以决定生命的宽度和高度；你不能左右天气，但你可以改变心情；你不能选择容貌，但你可以展示笑容；你不能阻止鸟儿在头上飞过，但你完全可以阻止鸟儿在你头上筑巢。

其实，每个人所面对的环境，差一点、苦一点，并不是坏事，从某种角度来说，它是一笔财富，它对你的磨炼、考验、挑战，将成为你终身受益的财富；它是一种动力，它为你的奋斗、拼搏，努力改变环境，提供源源不断、取之不尽的动力。

20世纪80年代，我师范毕业分配到偏僻的山村学校，交通闭塞，没有电，没有电话，基本上与外面的世界隔绝。在那样的环境下，我没有逃避，而是勇敢面对，主动适应，不仅勤奋工作，而且利用业余时间坚持读书写作。艰苦的环境磨炼了我的意志，锤炼了我的毅力，也给了我改变环境、超越自我的勇气。在那种环境下形成的这些品质，已成为我人生最重要的一笔精神财富，直到现在我还在受用。

新入职的教师怎样适应环境呢？我想，最重要的一点就是，把自己过去的一切都放空，都倒掉，就像把杯中过去的茶水都倒掉一样，把过去的一切荣誉、习惯、梦想、光环全部放弃，一切从零开始，抱着重新学习的态度，培养自己对新角色、新环境的适应能力。

六、向信念庄严宣誓

信念是一种信奉的观点，是需要坚持的理念，是心中燃烧的火焰，是点亮的教育梦想。

人是需要有信念的。没有信念，便没有主见，没有思想，没有支撑，没有寄托；没有信念，人的行为往往是随意的，盲目的，漂移的，不确定的。

教育是一项神圣的、高雅的精神活动，是塑造人的灵魂的事业，是开启人的心智的艺术，是基于信念的行为，因而教育更需要信念，教师更需要信念，更需要教育信念。

教师有了信念，有了教育信念，就有了教书育人高昂的热情，澎湃的激情；就有了自己的教育信仰，教育主张，教育个性；就有了自发的、真诚的、内源性的工作动力，基于生命的灵动与热情；就有了克服困难，挑战逆境，改变环境的信心和勇气；就有了捍卫教育良知，不辱教育使命，潜心做真教育的执着和坚守。

信念决定着一个教师的工作方向和态度，教育信念的有无是一个普通教师与一个优秀教师的分水岭。

第五讲

教师『一潭水』的哲学考量和思辨

教师的知识储备，学识的广博，过去有一个很形象的说法："要给学生一碗水，教师自己要有一桶水。"事实上，随着社会的发展，学生学习方式的改变，给学生"一碗水"，教师仅有"一桶水"，已经远远不够了，难免捉襟见肘。教师要在自己的工作中左右逢源，游刃有余，就必须要具备"一潭水"。

其实，对于这"一潭水"，还应该有更多考量和思辨。

一、这潭水是"死水"，还是"活水"？

"流水不腐，户枢不蠹。"教师的这"一潭水"，当然必须是活水，不能是死水。死水一潭，既无法饮用，还臭不可闻。

教育是着眼于未来的事业，是为未来培养人才。教师只有知识新，才能教得新，学生才能学得新；教师只有拥有一潭知识的"活水"，源源不断，取之不竭，用之不涸，变化多端，教学中才能灵活运用知识和教法，驾轻就熟，得心应手，学生才能够在学习中做到举一反三，触类旁通。教师只有旧知识、有限的知识，怎能用昨天的旧船票登上明日的客船？怎能教出走向未来的学生，怎能做到"得天下英才而育之"？

苏霍姆林斯基曾说："只有当每个少年从教育者那儿得到'活水'，他们的才干才能够发挥出来。没有'活水'，素质就枯竭衰退。"

"问渠那得清如许，为有源头活水来。"教师只有树立终身学习的观念，不断学习，不断充电，不断给自己"注水"，不断吸纳前沿知识，不断更新自己的知识，让自己的这"一潭水"始终与知识的湖泊沼泽相连，与知识的大江大河相通，与知识的汪洋大海相承，才能让自己在任何时候都拥有一潭奔流不息、永不停歇、澄澈透亮的"活水"。

二、这潭水是纯净水，还是营养水、复合水？

教师的这"一潭水"如若只是纯净水、蒸馏水，还不行，这种水也许能解一时之渴，却不能满足"饥饿"之所需。要想既能解渴，又能补充体能，就要给这潭水及时添加钙、磷、镁、钠等常量元素，及时注入铁、锌、铜、锰等微量元素，及时补充氨基酸之类的营养成分。有了这些，这水就是一潭营养丰富的复合水了。

教师要想获取一潭营养丰富的复合水，重要的途径就是读书。

读书是给自己的精神"补钙"，给自己的心灵"加料"，是站在巨人的肩膀上飞翔。

教师通过读书，可以完善自己的知识结构，可以拓展自己的知识面，可以提升自己的教育素养，可以构建自己的思想高地，可以汲取生命成长的力量。

一个教师的知识结构大体由三部分构成，即精深的专业知识、开阔的人文视野和深厚的教育理论功底。因此，教师的读书应该做到广泛涉猎，博采众长。读教育书籍，掌握系统专业知识；读人文书籍，拓展自己的境界视野；读自然书籍，了解当今科学发展；读经典书籍，直接聆听人类精神永恒的对话；读有关中小学生的书，让自己涵养一颗童心，能够走进孩子的心灵；读人物传记，获取精神的感召，榜样的力量，前行的动能。

从阅读中获取充足的营养，才能够跳出教育看教育，才能够在更广阔的背景下理解教育，解读教育，架构教育，欣赏到教育曼妙的风景。

三、这潭水是他人的水，还是自己的水？

"纸上得来终觉浅，绝知此事要躬行。"从书本上所获得的这潭知识的水，是他人的水。只有把他人的水通过疏浚、过滤、沉淀，才能成为自己的水。教师有了属于自己的"一潭水"，才可以信手拾来，为我所需，为学生所用。

教师要把他人的水变成自己的"一潭水"，一方面要学会反思。反思是一种追问，一种内化，一种审视，一种质疑，也是一种改变，一种提升，一种突破，一种成长。

教师善于反思，就会发现每天获得的知识就像早晨的空气那样清新自然，自己每天的生命就像早晨冉冉升起的太阳那样活力四射。善于反思的教师，便会在三尺讲台上开启一片蔚蓝的天空，在那间属于自己的教室放飞教育梦想，在平凡的教育岗位上书写自己精彩的人生。

教师要把他人的水变成自己的"一潭水"，另一方面要坚持写作。写作开启思考，写作促进阅读，写作记录生活，写作磨炼意志。教师的写作是对自己精神生命的外化，对自己心灵世界的显化，对自己认知水平的深化，对外在知识的转化。

坚持写作的教师，总有一双睿智的眼睛，观察我们的教育教学生活；总有一颗思考的大脑，拷问教育的现象和状态；总有一种敏锐的触觉，感知时代的脉搏和心灵的共振。

教师要把他人的水变成自己的"一潭水"，同时要善于研究。教师研究是教师发展的"高速公路"，也是消除职业倦怠的制胜法宝。

用研究的姿态当教师，每一个教育现场都是鲜活的案例，每一个教育对象都是研究的方向,每一个问题都是研究的突破口,每一堂课都是研究的切入点。在研究中,我们可以触摸教育品质,感受教育幸福,明白教育生活的意义。

教师要把他人的水变成自己的"一潭水",还要宁静致远。教育的功利,社会的喧嚣,很难让教师拥有自己的"瓦尔登湖",拥有自己的"地下室",也很难拥有属于自己的那"一潭水"。南怀瑾先生说,生命的能源来自宁静。

我以为,教师应该在浮躁的现实中,寻求一份属于自己的宁静,创造一笔属于自己的心灵财富,让忙碌的自己不断与自己的内心对话,让冲动的自己不断接受自己灵魂的审判。只有如此,你的世界才会为你蓬勃起来,你的人生才会真正丰盈起来。

四、曾经的那潭水,现在到底还剩下多少?

教师所拥有的"一潭水",即使烟波浩渺,碧波荡漾,"桃花潭水深千尺",但是这潭水地久天长,日晒夜露,不断蒸发,不断地往地表渗透,水量肯定会逐渐减少,越来越少。

而且这"一潭水",随时在使用,在消耗,如果不注意补充,不注意引入"活水",终究会有被舀干、被挥霍殆尽的那一天。

况且这"水",能够满足曾经的需要,而斗转星移,环境改变,水质变化,将会有相当一部分水因污染或者腐化而变质,以至于不能用。

正如"旧时明月照扬州","曾是长堤牵锦缆",而如今却是"绿杨清瘦至今愁"。

我们不容置疑的是,人工智能时代的到来,各种新知识、新科技、新事物层出不穷,知识的折旧率惊人,昨天还是有用的知识,明天就可能成为过时的黄花,完全跟不上时代的步伐。

作为教师,我们应该随时关注和思考的是,若干年前的那潭水,现在到底还剩下多少。如果我们只用不补,只出不进,只任其自然陈旧老化,不注意输送新鲜水源,只满足于"一潭水"睡大觉,只陶醉于"一潭水"沾沾自喜,仅在"一潭水"面前"躺平",不留心水的剩余量,不让自己有危机感,总有一天,便会出现"用水危机""本领恐慌"。

待到那一天,则将悔之晚矣!

五、怎样把自己的"一潭水"输送给学生?

这实际上是关于教学方法的问题。当下课堂教学的主要问题就是"满堂灌",教师把学生当成接受知识的容器,不管学生需不需要,需要多少,接不接受,怎样接受,也不注意方式方法、教学技法,教师以对学生的好,对学生爱的名义,把自己的"一潭水",强行灌输给学生。

大家知道，老农浇灌庄稼禾苗，都懂得"大水漫灌""小水滴灌""微水细灌"的道理。还有我们生病了，去医院打点滴，医生或护士会把握节奏，过快了，会增加心脏的负担，带来身体的不适。

教师把自己的"一潭水"输送给学生，要注重启发，因势利导，顺性而为，不压制，不强迫，唤醒学生对"水"的热情，激发学生对"水"的渴求和欲望。孔子的"不愤不启，不悱不发"，说的便是这个意思。

陶行知先生一直反对灌输教育、"填鸭式"教育，他非常注重启发式教育。一次演讲，他走上讲台后，不慌不忙地从箱子里拿出一只大公鸡。只见陶行知掏出一把米放在桌子上，然后按住公鸡的头，强迫它吃米，大公鸡挣扎着不吃。陶行知又掰开大公鸡的嘴，把米往它的嘴里塞，大公鸡还是挣扎着不肯吃。随后陶先生松开手，把鸡放在桌子上，只见这只大公鸡在讲台上甩甩头，抖抖毛，竟悠然自得地吃起米来。

陶行知这才开始演讲，他说，教育就像喂鸡一样，教师强迫学生去学习，把知识硬灌给他们，他们是不情愿的。即使学，也是食而不化，最后还是把知识还给教师。如果让学生自由地学习，充分发挥他们的主观能动性，那效果一定好很多！

六、如何让学生主动地去探寻"水"之源？

"授人以鱼，不如授人以渔"，与其送一条鱼，不如教给他捕鱼的方法。一条鱼只能饱一顿之肚，解一时之饥，而有了捕鱼的方法，便能随时吃到鱼，解决一生的吃鱼无忧。

同样，教师给学生传授知识，给学生以知识之"水"，仅能满足一时之需，教师如若不提供"一杯水"了，学生就会犯水之困，出现用水之荒。

所以教师的重要使命，不仅是被动地传授知识，给学生以"水"，而是一方面要引导学生主动学习知识，主动探究知识，主动探索"水源"，另一方面最大限度地培养学生从河里、从井里等地方打水的能力，交给学生发现、开采、挖掘地下水的本领。

只有如此，学生才拥有了自己的"水"之天地，才能够独立地获取源源不断的活水，不再为"水"发愁，也远不止仅从老师那里获得"一杯水"了。

现在很多学生都习惯于依赖教师。让他们自己主动地去探寻"水"之源，从小培养他们"自己寻找水源"的能力，这很重要，会使学生终身受益。

要做到这一点，教师就要学会放手，解放学生的大脑、眼睛、嘴巴、双手、时间和空间；就要启迪学生的想象，发展学生的思维，激发学生的内生力，培育学生的创新精神和创造热情；就要用发展的、肯定的、差异性的目光看待个性鲜明的学生，力求多一把尺子，多一种标准，多一分期待，多一些等待；就要让学生站在课堂的中央，让他们成为课堂的主人，学习的主人，让他们在主动、生动、能动、合作、探究的状态和氛围下学习；就应该多一些不拘一格，少一些墨守成规，多一些百家争鸣，少一些噤若寒蝉，多一些交锋碰撞，少一些标准答案，多一些个性张扬，少一些桎梏压抑，多一些顺其自然，少一些拔苗助长……

教师对"一潭水"的认知程度，归根结底，最终反映和彰显的是教师对学习、对学生、对教育，乃至对人生的一种态度！

第六讲 一个卓越的教师怎样从敬业走向精业

教师对职业的基本态度，那就是要敬业。

敬业就是敬畏并重视所从事的职业，为此付出全身心的努力，将工作当成自己的事。敬业是人的使命所在，是负责任的延续，是一种责任精神的体现。

教师传道、授业、解惑，职业神圣而崇高。有人说，教师是天职，因为我们肩上扛着的是民族的希望，我们心中装着的是祖国的未来，我们手里捧着的是孩子的明天。这沉甸甸的担子，昭示着教师必须敬业。

教师的敬业，不仅体现的是教师良好的职业态度，而且反映出教师崇高的职业道德素养。敬业是一个优秀教师不可或缺的优良品质。

敬业是教师执教的前提。教师只有敬业，才会热爱教育事业，钟情于教书育人，才会忠于职守，虔诚于自己所从事的工作，才会勤勉躬耕，执着于三尺讲台，才会热爱学生，诲人不倦，潜心于他们的幸福成长。

　　一个教师能够真正做到敬业，其实就已经很不容易了。特别是面对当下社会的喧嚣浮躁，人们的急功近利，全民的异常焦虑，还有来自各方面对教育的干扰，对教师的折腾，让教育没有了宁静，让教师失去了一份安宁，一些教师还能够兢兢业业于自己的职业，那就更难得了。

　　然而我以为，一个卓越的教师仅有敬业，还不行，还必须精业。

　　君不见，在我们的身边，不乏很多敬业的典范。在晨雾缭绕的校园里，我们时常可以看到一些教师忙碌的身影，在月上柳梢的夜色中，我们可以看到不少教师伏案工作的背影，他们任劳任怨，加班加点，夜以继日，不辞辛劳，其精神确实可嘉，值得我们敬佩和学习。

　　然而有的教师却仅凭热情和经验教学，缺乏应有的教育智慧，有的只吃老本，忽视学习，荒芜专业发展，在一种低效的教学中重复昨天的故事，更有甚者，靠死整蛮干，靠刷题，靠反复讲练，一味拼时间，拼身体，拼生命，违背教育规律，远离教育本质，乃至于把一个个天赋禀性各异的学生教成了同一个人，把一个个本来十分聪慧的学生教得越来越糊涂。这样的教师，可以说越敬业，对学生的伤害就越大，在反教育的路上就走得越远。

"要敬业，更要精业"，是教师最基本的职业精神。什么是精业？精业就是以一种精益求精的态度对待自己的职业，既认真负责，又高效出色地做好自己的工作。

作为一个教师，敬业精神当然必不可少，它是精业的基础和条件，一个不敬业的人，不可能精业。而精业是敬业的归宿和结果，做不到精业，敬业也将失去意义。

一个卓越的教师在敬业的同时，怎样做到精业呢？

一、要精业，必须多些静气

教育是塑造灵魂的工作，是"慢"的艺术，是人的事业，需要不急不躁，春风化雨，静等花开，更需要一颗宁静的心。

宁静致远，宁静明志，宁静方能精业。很难想象，一个教师随时心烦意乱，心猿意马，拥有一颗躁动之心，他能够精业乐业吗？

教师多些静气，才能够静下心来备好每一堂课，静下心来批改每一本作业，静下心来与每一个孩子对话，静下心来读几本书，静下心来品味与学生在一起的分分秒秒，静下心来咀嚼教育教学中的每一个环节和细节，这便开启了精业的模式，在为精业奠基，在享受一路精业的情趣和曼妙的风光。

二、要精业，必须不断学习

一个学问精进、知识渊博的教师，既容易得到学生的喜爱和尊重，又能够使自己的教育教学左右逢源，得心应手。

随着信息技术的日新月异和人工智能时代的到来，知识的更新很快，学生获得知识和信息的手段与渠道呈现多样化，"给学生一碗水，教师必须有一潭水""台上一分钟，台下十年功"。这就要求教师必须利用一切可以利用的时间，加紧学习，随时"充电"，保持知识的新鲜度和合理的知识结构，以提升自己的精业本领和能力。

三、要精业，必须回归常识

教师从事教育教学，其实用不着什么高大上的理论支撑，只需要对相应教育常识的认知与践行，便足够了。

教师敬业的出发点，必须以教育的常识作为逻辑起点，不然一切的付出与努力，终将事与愿违，甚至有可能迷失于敬业的丛林中。因而，教师精业的关键，就是对教育常识的捍卫与遵循。

怎样捍卫与遵循？那就是教师的教育教学要回归平常，顺其自然就好；回归正常，尊重规律就好；回归日常，朴朴素素就好；回归恒常，立德树人就好。

四、要精业，必须善于反思

教然后知困，思然后知失。没有反思，就没有成长，就没有改进，就没有突破，就没有超越。反思对于提高教师教育境界，建构教师自己的专业化领域，促进教师的精业，起着至关重要的作用。

我有一个观点，一个教师教一辈子书，如果不去反思，哪怕再敬业，充其量只能做一个教书匠，永远成不了名师。再者说，一个教师不善于反思，他可以敬业，但永远做不到精业。教师面对教学中的疑难杂症，面对课堂中的众多问题，面对新时代学生管理中的新情况，面对社会发展对教育的新要求，如果我们仅靠苦干实干，仅靠爱岗敬业，那是远远不够的。如果我们不去审视，不去追问，不去质疑，不去提炼，不去反思，就很难从本质上寻求到破解之道，也很难提高教学效果，更难达成为党育人、为国育才的目标。

五、要精业，必须用对方法做对事

方法胜于能力，方法永远比勤奋重要。优秀的人找方法，平庸的人找借口。

古人云："业精于勤荒于嬉。"勤奋、敬业是走向成功的必经之路。但光有勤奋与敬业是不行的，做事更重要的是寻找方法。在很多时候，一个好的方法能让你柳暗花明，能让你事半功倍。如果没有用对方法，只是一味地勤奋，一味地敬业，只会浪费时间和精力，只能劳而无功，劳而无效，永远不可能精业。

当你在教学工作中、在班主任工作中做出了很多努力，而效果不明显的时候，当你成天忙忙碌碌，忙得不可开交，忙得不知所措，忙得晕头转向，却不知道在忙什么的时候，你首先要研究的是方法，看方法对不对，思路对不对。方法对了，思路对了，整个世界就对了，一切问题都会迎刃而解。

六、要精业，就不要当"差不多先生"

胡适的《差不多先生》写了一个十分可笑的人物，他凡事都认为"差不多"：做伙计的时候，把"十"写成了"千"，他觉得差不多；把陕西当作山西，也认为是差不多；他妈叫他去买红糖，他却买了白糖，他妈骂他，他同样觉得差不多。

做事情只求过得去、差不多，就不可能精业，就不可能有卓越的追求，也就不可能有完美的工作效果。

教师在工作中，哪怕是上一堂课，进行一场谈心谈话，组织一次班队活动，都应该少一些差不多、过得去、得过且过，都要用心准备，认真对待，力求做到不寻常。

这些年我一直坚持，但凡做事，要么不做，要做就必须做到最好。往往在一般与最好之间，也仅一步之差，只需多点用心，多点负责，多点坚持，多点付出。而把事情做得一般或最好，却是不同的境界、不同的品位、不同的反响。

当然，人无完人，做事也不可能尽善尽美。但是我们应该有完美的追求。定位高，取向好，有可能最终的效果，再差也不会差到哪里去。但如果一开始就无所谓，只图差不多、过得去，最后将是糟糕透顶，一塌糊涂。

更何况，教师做到精业，用更高的标准要求自己，并努力做到最好，这其实是对我们最大的历练，也是我们最大的进步，我们才能从众人中脱颖而出，走向卓越。

能够在这六个方面做出些努力，相信我们的老师就能够在敬业中做到精业。

第七讲 教师的负担与教师的幸福

教师的负担与教师的幸福看似两个不同的话题,实际上二者相互关联。教师的沉重负担直接影响教师的职业幸福,教师的职业幸福与否,又取决于教师的负担。

一、教师的负担从哪里来?

1. 剧场效应下,教师职业倦怠严重。

社会浮躁,教育功利,家长的极度焦虑,带来了剧场效应。既让教育"良序"在"坏序"中坠落,陷入"无序"的深渊,又让教师之间形成劣币驱逐良币的逆向淘汰,把富有创造的教学演变成了单调重复的体力劳动;既给教师带来了巨大的压力和沉重的负担,又使教师失去了职业的幸福,过早地产生了职业倦怠;既使孩子身心遭受压抑和禁锢,没有了笑声,没有了快乐,没有了属于他们应有的童年,又使不少家长钱包被掏空,身体被榨干,亲子关系被破坏,有的家庭甚至是人财两空。

一位教育专家曾指出：今天的中小学是一群不幸福的校长带领着一群不幸福的教师，教着一群不幸福的学生，面对着一群不幸福的家长。"幸福"本来就属于教育的属性，然而现在竟成了教师的奢侈品。

2. 形式主义下，教师遭受不尽的折腾。

凡事都要留痕的管理思维与方式，名目繁多的考核、检查、验收、评比，管它与教育沾不沾边，一切都要进校园、进课堂、进课程，老师要巡河巡堰塘，创文创卫守街道，给老师的各种额外派活儿，数不胜数，还有一些地方让老师浩浩荡荡参加变了味的扶贫，撂下孩子不问不管……

这些名目繁多、林林总总的形式主义的东西对教育的折腾和干扰，对校园的波及和影响，让教师失去了那张宁静的讲桌，让孩子们也很难拥有一张宁静的课桌。

甚至在有的地方，形式主义的泛滥和猖獗，不仅不能让老师潜下心来教书，静下心来育人，而且已经让老师身心疲惫，苦不堪言，怨声载道。

3. 职称制度的不完善，让教师"跪着"教书，教师成了职称的奴隶。

这些年，我感觉很多教师没有为学生而教，为教书育人而教，为自己的良知责任而教，却完全是为了职称而教。因为职称的差异，就是工资收入的差异，就是待遇报酬的差异，就是生活条件的差异，在一些教师的眼中，甚至就是贫富的差异，人格尊严的差异。

为此，相当一部分教师都在苦心孤诣，穷尽一切办法评上职称。

为了评上职称，教师准备得有多么的累，有多么的违心，因为很多地方评职称是用教学业绩，也就是用分数说话，为了有一个好分数，一些教师哪顾教育规律，哪管孩子身心健康，拼个昏天黑地，拼个你死我活，让教育在反教育路上，越走越远。还有一些地方评职称，除了看分数，还要论师德，看教师有没有家长告状，有没有负面反响，有的教师为了减少错误的发生，对违纪违规的学生不管教、不批评，避免得罪家长，对家长笑脸相迎，害怕家长四处告状。

评职称本来是一项很严肃的事，事关教师的个人发展。但是有些教师为了评上职称，花钱请人写论文、花钱发表文章、花钱购买教学科研成果、花钱送礼打点，既违背了职称评比的初心，又滋生了教育不正之风，败坏了社会风气。

还有职称名额有限，僧多粥少，有的教师为了评上职称，不择手段，相互挤对，相互抹黑，相互拆台，还有的甚至大动干戈，反目成仇，让本来友好和善的同事关系，变得十分紧张。

4. 一些地方尊师重教的风尚日益淡化，让教师背上了巨大的精神负担。

教师职业幸福的前提是职业安全感。如果教师成天生活在质疑与不理解中，那是很难让教师收获发自内心的职业幸福感的。

当下，来自方方面面的质疑与不理解，让教师充满着诸多的辛酸和悲情。

首先来自社会层面的质疑与不理解。要求教师必须高尚，必须是完人，不能有丝毫差错和闪失，稍有不慎，便对教师挥舞大棒，肆意炒作，上纲上线，不依不饶。

其次来自家长层面的质疑与不理解。教师对孩子管得严了，批评重了，或者孩子在正常的教育教学活动中，有什么小的碰撞和摩擦，家长便去学校大闹，责难教师，有的甚至暴打教师，逼教师下跪，让一些本来"跪着"教书的教师，跪上加跪。

再次来自学生层面的不理解。一些学生面对教师的批评教育，心有抵触，要么态度蛮横、拒不接受，要么向父母添油加醋，让父母为自己出气，要么离家出走、跳楼跳江，要么群殴教师，置师之威严、伦理道德而不顾。

更不可思议的是，教育主管部门，作为教师娘家人，遇到这样的情况，本应该为教师做主，帮教师说话，替教师撑腰，然而有的教育主管部门，却为了保帽子，息事宁人，不分青红皂白，一味拿弱势的教师开刀，通报检讨，处分解聘，让教师当替罪羊。有可能不是所有教师都是当事人，但是这会让所有教师感到寒心。

二、教师不能不幸福

教师是人，不是神，教师要生活，要生存，要过日子，要养家糊口，教师需要幸福；教师传道、授业、解惑，着眼于孩子的成长，关乎着国家民族的未来，事业崇高，责任重大，使命神圣，教师应该幸福；没有教师的幸福，就没有孩子的幸福，就没有教育生活的幸福，也就没有教育的幸福，所以教师必须幸福。

我认为：没有幸福的教师，就很难培养出具有幸福感的学生；没有幸福的教师，再好的教育思想、理念都无异于空中楼阁；没有幸福的教师，教育高质量发展更是纸上谈兵，难以落地。

三、可以不优秀，但一定要幸福

优秀是他人的一种评价，一个人优秀与否，不是自己说了算。很多人为了追求所谓的优秀，为了赢得别人对自己优秀的评价，往往陷入世俗的人际关系中，甚至通过走歪门邪道，去获取一份"优秀"的认可。当然，还可能急功近利，靠违背教育规律，靠死整蛮干，靠牺牲孩子的身心健康，去拼一个分数，一个高升学率，以摘取一个"优秀"的桂冠。而这一切行为的背后，却助推了应试教育，成为应试教育的帮凶，让应试教育愈演愈烈。

而幸福则不一样，幸福是自己内心的一种感受，幸不幸福，只有自己知道，正如自己的人生可以自己做主一样，自己的幸福更可以自己做主。

我以为，教师可以不优秀，但教师一定要幸福。对于一个幸福的教师，他会不在意名利得失，他会拥有平常心，他会和孩子们在一起，放飞教育梦想，过一种宁静而幸福的教育生活。这样的教师，在我的眼中，不，有可能在大家的眼中，是比那些所谓的优秀的教师还优秀的教师。

所以我一直认为，成人永远比成才重要，成长永远比成功重要，幸福永远比优秀更重要。

四、提升教师幸福的关键"油门"在哪里？

1. 在为教师切切实实减负中提升教师幸福。

负担沉重的教师，没有更多的精力教书育人；成天处于"噩梦之地"的教师，无法从事创造性劳动；整日身心俱疲的教师，更培养不出拥有幸福人生的学生。

落实是最好的重视，切实减负是对教师最大的尊重。怎样把教师过重的负担切切实实减下来，我以为，应该从以下几个方面着手。

第一，大兴求真务实之风，力戒形式主义。教育的特殊性和魅力，决定了教育必须做真教育；教育的重要任务和使命，就是要教学生"学做真人"。如果教育被形式主义所污染和笼罩，如果校园到处弥漫和充斥的尽是形式主义，不仅不能做出"真"教育，而且很难培养出合格的"真"人。要从根本上减轻教师的负担，就必须斩断伸向校园的各种形式主义的魔爪，彻底铲除社会上各种形式主义对教育侵蚀的毒瘤。

第二，出重拳、施猛药，根治教师负担重的顽疾。给教师减负，发的文件不少，减负清单也条分缕析，却为什么出现雷声大，雨点小，山河依旧，越减越重的情况呢？

关键是给教师减负到目前还仅仅依赖于惯性思维，仍然采取的是以文件落实文件，以清单落实清单，以会议落实会议，甚至是以形式主义对付形式主义，以花拳绣腿对付花拳绣腿。

我以为，给教师真正减负，必须拿出壮士断臂之勇气，用上刮骨疗伤之魄力，落实属地主体之责任，加大追责问责之力度。如果不动真感情，不用上真功夫，不痛下决心出重拳，打组合拳，浅尝辄止，隔靴搔痒，不痛不痒，雨过地皮湿，对教师的减负，不仅得不到有效解决，相反还会造成二次伤害。

第三，努力营造和弘扬尊师敬教的良好风气。教育承担着一个国家和民族的未来，而教师是承担和面向这一未来的重要角色。全社会都应理解教育的重要地位和教师的特殊使命,尊重教师工作的独特性和专业性,给教育以应有的支持与敬畏,给教师以应有的善待尊重。尊师敬教是中华民族的传统美德。

我有一个最朴素的想法,就是我们或许一时还做不到真正的尊师敬教,但是我们至少应该做到对教育、对老师不打扰、不添乱、不折腾,尽量减少额外非教学任务对教育的冲击,对老师的摊派。

第四,大力推进教育管理走向现代教育治理。市场的主体是企业,教育的主体是学校,办学是学校的事情。造成教师负担重的一个重要原因,就是长期以来,学校的一切都是多头管理,学校的"婆婆""妈妈"多,这种管理既捆住了校长的手脚,又给教师增添了不少负担。

要真正给教师减负,就必须去学校行政化,制定学校章程,落实和扩大学校办学自主权,实现管办评分离,确立新型政校关系,建立教育行政部门和学校责任清单,明晰相应的权利边际和责任界限,明确教师的责任、权利和义务。

第五,着力变革考核评估制度。当下,泛滥的评比考核、检查验收所带来的撰写材料、整理资料、草拟方案、收集数据、填报表格、制作展板、站岗值勤……是"抢"走教师时间的重大因素,也是给教师带来巨大负担的罪魁祸首。

因此,地方政府以及教育行政部门应充分尊重教育的规律和特点，改进并优化对学校的考核办法，尽量剔除与教育教学无关或者关联不大的考核内容。而且涉及对地方政府的考核验收，诸如创文创卫、禁毒扫黄等，不得随意抽调教师，不得安排中小学教师上街执勤，不得给教师下达指令性任务，将学校从各种考核检查中解脱出来，把教师从各种验收评比中解救出来，从一些与教育教学无关的烦琐事务中解救出来，让教师有更多时间和精力专注于教育教学，专心于充电提升和专业成长。

第六，切实转变教育政绩观和教育质量观。唯考试是从，以分数论英雄，教育乱象丛生，让教师与学生一起被捆绑在应试教育的战车上，驰骋于硝烟弥漫的战场，一起拼杀，遍体鳞伤，血流成河。

因此，必须落实好党中央、国务院颁发的《深化新时代教育评价改革总体方案》，系统推进教育评价改革，改进结果评价，强化过程评价，探索增值评价，健全综合评价，通过建立和完善评价体系，切实扭转"五唯"导向，从而实现为教师们彻底减压减负的目标。

第七，进一步加大职称改革力度。在职称制度改革方面，完全可以借鉴其他国家和地区的做法，取消职称评定制度，只要学历达标，每年考核合格，没有大的失误，到了一定的工作年限，就实行自然晋升。对特别优秀者，可以适当放宽年限，提前晋升。

教师的使命是教书育人，应该通过职称改革，激励教师把心思放在教书上，用在育人中，不要把时间和精力浪费在职称的准备和评比上，避免为了职称而职称，职称一旦到手，就高枕无忧，万事大吉，得过且过。

第八，切实提高学校及其教育主管部门的管理能力和水平。我一直以为，使教师负担过重的一个重要原因，那就是一些学校和教育主管部门领导素质不高，管理能力不强，管理水平有限，在对学校和教师管理上没有系统性，缺乏整体思维和统筹考虑，在工作上往往是政出多门、自以为是、随意而为、重复交叉，从而无形中给教师增加了很多负担。

因此，一方面应提倡教育家办学，让懂教育的人管教育，让内行指挥和引领内行。

另一方面应通过系统性的培训学习，通过岗位的实战演练和历练，不断提升他们的管理能力和水平，增强他们的管理经验和智慧。

还有一些教育主管部门对于来自外界对学校和教师的诸多莫名其妙的负担，来者不拒，照单全收，一味迁就迎合，没有说"不"的勇气，没有拒绝的底气，没有为老师和校长担当的义气。

教育主管部门作为教师的娘家，不仅要主动砍掉一些形式主义、官僚主义的东西，为教师松绑，同时对于来自外界的对教师不搭边的一些任务和安排，要敢于亮剑，敢于抵制，敢于拒绝，用自己的责任和良知来作为和担当，为教师营造一个可以心无旁骛地教书育人的氛围与环境。

2. 在善待教师中提升教师的幸福。

第一，应该首先认同我们的身份永远是教师。学校领导和教育管理者，几乎都来自教师。教师是我们的第一称谓，也是最美好的称谓，更是永恒的称谓，永远的身份。

因此，不管社会赋予我们什么样的身份，我们都必须认同自己的教师身份。既然同为教师，同为战壕里的战友，我们就没有任何理由不关爱教师，不善待教师，当然更没有理由轻视教师，甚至瞧不起教师。

第二，应该始终坚持"教师第一"。多年来，出于学校工作一切要以学生为中心的取向，一直提倡学生第一，教师第二。后来读李希贵校长的《教师第一》，他认为教育是塑造人、塑造学生美好人生的事业，这个目标，只能通过教师来完成。学校的力量，首先来自教师。

学校只有坚持教师第一，把教师放在第一位，教师才能把学生放在第一位，教师也才能真正达到"学生为本""学生为中心""学生为主体"的目标。

而且学校只有坚持"教师第一，学生第二"的师生观，只有树立"教师第一"的理念，才能确立教师在学校中的主人翁地位，才能固化教师"以校为家"的意愿，才能让教师成为学校大家庭中的积极成员，才能使每一位教师在为学校的办学目标与发展愿景的实现过程中，发挥出积极的不可替代的作用。

不可否认的是，长期以来，许多学校以"学生第一"为由，颠倒了教师和学生的顺序，造成了管理上的错位。学生违反校规校纪，对教师大逆不道，本应受到相应的处罚，却把板子打到教师身上，让教师不明不白地背锅受气；家校之间产生矛盾，本来是家长无理取闹，却以处分教师去平息事端。

第三，应该坚定不移地具有教师立场。具有教师立场，实际上就是坚持"教师第一"的体现，是对"教师第一"的具象和折射。具有教师立场，就能够时时处处想着教师，惦记着教师，心中有教师；具有教师立场，就能够时时刻刻关心教师的思想、生活、学习和工作，随时随地关注教师成长，支持教师追求个性，帮助教师实现教育理想；具有教师立场，就会在师生、家校之间产生矛盾和纠纷时，能够做到不偏不倚，切实维护教师的正当权益，并敢于同一切辱师行为做斗争。

第四，应该具有同理、共情心理。不管是教育主管部门，还是学校管理者，在安排部署工作，在制定每项重大决策时，要设身处地，将心比心，学会换位思考，要站在教师的角度考虑问题，集思广益，广泛征求教师的意见。而不能自作主张，一意孤行，不在意教师的感受，不顾及教师的利益。

只有在同理与共情中，教师才有尊严，才有幸福感，才会迸发出高昂的工作热情，焕发出蓬勃向上的精神状态，以时不我待、只争朝夕的斗志做好本职工作，为学校发展献智献力，添砖加瓦。

第五，应该多一些人性化管理。在管理中，要看得见"人"，要坚持以人为本，要注意人文关照，要体现人性关怀，要一切从"心"出发，对教师充分信任，信任比黄金还重要，对教师多一些尊重，尊重是最大的激励。

学校的制度，不是冰冷的文字，各种管理的举措，也不能仅仅满足于把教师管住。制度要有温度，管理要充满温情，人与人之间应多一些温暖。当我们的管理更加富有人性，更充满着对教师的关心、体谅、包容、帮助的时候，教师就会更加自觉地把这些理念传递给学生，幸福的教师才能让幸福教育开花结果，从而培养出幸福的学生。

3. 在自我的意识与选择中提升教师幸福。

有研究表明，我们的基因和成长经历，对幸福感有一半的影响，而我们生活的外在境遇（如收入和环境）对幸福感只有约10%的影响。剩下多达40%的影响，取决于我们的日常活动，以及我们做出的有意识的选择。

第一，寻找意义感。有一个关于幸福的公式，幸福=快乐+意义。亚里士多德说："幸福是生命本身的意图和意义，是人类存在的目标和终点。"

对于"人生的意义是什么"这个问题的思考与解读，我看到的最好答案，是来自爱因斯坦。他曾经自问：我们这些总有一死的人的命运是多么奇特呀！我们每个人在这个世界上都只做一个短暂的逗留——意义何在，却无所知，尽管有时自以为对此若有所感。

爱因斯坦随后自答：人是为别人而生存的——首先是为那样一些人，他们的喜悦和健康关系着我们自己的全部幸福；其次是为许多我们所不认识的人，他们的命运通过同情的纽带同我们密切结合在一起。我每天上百次地提醒自己：我的精神生活和物质生活都依靠着别人（包括生者和死者）的劳动，我必须尽力以同样的分量来报偿我所领受了的和至今还在领受着的东西。

把这些对意义的理解与探索说透了不外乎两种，一是向内追求人格的完整、品质的高洁；二是向外扩展内在德行，就是要"达人"，造福社会。

再将其延伸一下，人生的意义，那就是不仅为自己，还为别人；不仅为现在，还为未来；不仅为自己的未来，还为别人的未来。

教育是面向未来的事业，教师是塑造人，为未来塑造人，为塑造面向未来的人的事业，教师的职业更是一个能够单纯地做事，能够创造性地做事，能够做自己喜欢的事，能够做实现自己人生意义和价值的事的职业，这就是教师职业的意义。

当然，一个教师只有带着情怀，真诚地、全身心地投入其中，才能领悟到这些意义，感觉到做教师是多么有意义的一件事，才能获得教师职业的幸福。

第二，保持专注度。谁听过喜欢打麻将的人叫累，谁见过爱好钓鱼的人在那里抱怨、发牢骚？喜欢打麻将的人，通宵达旦，熬更守夜，哪怕手气差，输了钱，他们都乐此不疲。说好的时间到了，都还想再打上几圈。爱好钓鱼的人，哪怕再热再冷，遭受虫叮蚊咬，他们都兴趣盎然，连蹲十几个小时，都不在话下。

因为他们做的是自己热爱的事情，置身其中，沉浸其里，执着专注，进入忘我的状态，达到了忘我的境界。一个人，沉浸在某项工作中，快乐在其中，幸福也自然在其中。而且达到忘我的境界，那就是最沉醉的时候，最享受的时光，最幸福的感觉。

教师要收获职业幸福，也必须对自己的工作用心投入，保持一种专注，在专注中体验岁月的静好、教育生活的美好。

第三，善于调节情绪。积极心理学之父塞利格曼幸福理论的基石，就是积极情绪。积极的情绪就是塞利格曼所描述的"朝向明亮那方""总体而言，就是觉得自己有多幸福"。

教师的情绪直接影响学生的情绪，积极的情绪可以感染学生，消极的情绪犹如传染病，会传染给学生。

如果是干别的工作，也许用不着太在意自己脸上的表情，太在乎自己的情绪变化，但是教师不一样，因为我们面对的工作对象是成长中的一个个活生生的具有可塑性的人，因此教师应该善于管理自己的情绪，应该用积极的情绪去感染学生。

一个教师如果随时都是快乐的心情相伴，都有着积极的情绪，那么他的学生也会阳光自信，充满快乐。一个教师如果整天愁眉苦脸，唉声叹气，阴云密布，情绪低落，那么他的学生也就会在这种压抑状态下度过自己漫长的学习生涯。

第四，拥有良好的心态。心态决定成败，心态左右人生。面对同一个问题，不同的心态，不同的认知，不同的结局。

同样是半杯水，有人会唉声叹气，哎！我只有半杯水。有人会心怀感恩，哇！我还有半杯水。

同样是没有鞋子穿，有人会抱怨命运不济，怎么连鞋都没得穿；有人却会感激涕零，幸好我还有脚。

同样是走进玫瑰园，有人会说，这花下面有好多刺；有人却会惊喜，这刺上有好多美丽的花。

这就是心态不同的天壤之别！

当下不少教师不是缺少幸福，而是缺乏好的心态。凡事应该往好的方面想，往好的方向努力。的确，教师这个工作不可能排在职业排行榜的最前面，除了又苦又累又清贫，还有可能面对着压力大、负担重、责任无限的问题。与其在那里见异思迁，得过且过，消极应付，不如调整心态，在我们嫌弃这个职业的同时，要想到，还有好多人没找到工作，也有不少人在羡慕我们有一份稳定的职业。

更何况，教师以满腔的热情投身于教育工作，在与学生的心灵交流、思想碰撞、朝夕相处、成长进步中，会获得创造的喜悦和快乐，收获职业的尊严与幸福。

第五，捡拾一些"小确幸"。《哈佛幸福课》的作者丹尼尔·吉尔伯特认为，我们高估了"大高潮"对幸福的效用。心理学家埃德·迪纳研究发现：快乐体验出现的频率，要比快乐体验的强度能更好地测量你的幸福感。也就是说，较多的"小高潮"更容易带来幸福感。

这种"小高潮"，就是村上春树在《兰格汉斯岛的午后》中所说的"小确幸"。什么是小确幸？小确幸是指"心中隐约期待的小事，刚刚好发生在自己身上的那种微小而确实的幸福与满足"。

吉尔伯特为此也深有感触，他说："我们想当然地以为最能影响我们的是生活里的一两件大事，但幸福似乎是上百件小事叠加的总和。一个每天经历十几个小开心的人，很可能比只遇到一件大喜事的人更幸福。"

小确幸，作为一个个"小高潮""小开心"，是流淌在生活的每个瞬间且稍纵即逝的美好。身为教师，我们不能把幸福仅定义为一些惊天动地的大事。其实，在每一个教育日子里，你的言行无意中影响了学生，你不经意间的教学灵光的闪现，你的偶尔教育智慧的迸发，你与学生心灵的对话，你和调皮学生的一个巧妙过招，你曾经教过的学生对你的一次问候、一束鲜花、一则短信，你的稚嫩的文字见诸报端，等等，更能造就幸福感。

教师职业，无关乎轰轰烈烈的壮举，无关乎丰厚优越的待遇，却有时时刻刻的小确幸。当我们逐一将这些"小确幸"拾起的时候，也就找到了教育人生最简单的快乐与幸福。

第六，处理好人际关系。教师幸福来自好的关系，好的关系既是好的教育，又是教师幸福的源头。多项研究表明，人际关系影响幸福感，良好的人际关系是个人幸福感的主要支柱。

可以想象一下，教师如果不注意处理人际关系，那么在学校里，师生关系僵化，同事关系恶化，人际关系紧张，这样的教师是难以有幸福可言的。

为了有一个好的人际关系，教师可从以下几方面做一些努力。心怀谦卑，适当示弱，适当放低身段，不要处处逞强。要明白，坚硬的牙齿有一天全掉了，柔软的舌头却还在；学会吃两道菜，除了能"吃苦"之外,还要能够"吃亏"。所谓"吃得亏,打得拢堆";为他人多做点事,多为他人着想,不要时时处处都想着自己;主动把"我"融入"我们",生成"咱们"的积极心理学。一个人也许走得很快,但一群人会走得更远;建设"幸福圈",比如微信圈、朋友圈、同事圈、同学圈、休闲圈、书友圈等,经营亲密关系,分享幸福体验,这本身就是在生产幸福。

第七,活在自我当中。认识自我,看到自己的长短,别总盯着他人脸上的污点,别总拿你的内在感受,去跟他人的外在表象做比较;活出自我,既然选择了远方,便只顾风雨兼程,别总看他人脸色行事,别总活在他人的闲言碎语与冷嘲热讽中;改变自我,山不过来,我可以过去,别总是指责和埋怨他人这也不是,那也不对,别总是要求他人改变,其实学会自我改变比什么都重要;放下自我,人生的幸福在于放下,别总把不属于自己的东西紧紧地攥在手里,别总是患得患失,不懂取舍,给自己平添烦恼;约束自我,人要善于自我管理,别总是对自己放任自流,没有管束,别总是让自己散漫放纵,失去底线,善于自我约束是人生最大的幸福。

第八,享受健康生活。弗洛伊德认为人的幸福主要来自三个方面:爱、工作和游戏。他所说的"游戏",就是指健康生活。

作为教师,我们提倡爱岗敬业,精业乐业,但是我们不能把时间和生命,全部给了教育和孩子。我们在做好本职工作的同时,一定要呵护生命，保重身体，注意健康，生命宝贵，健康第一，身体才是自己的；一定要有丰富的业余生活，积极拥抱生活，享受生活，让自己的生活多姿多彩，有滋有味，正如海子所写，"从明天起，做一个幸福的人，喂马、劈柴、周游世界"，"从明天起，关心粮食和蔬菜"；一定要有志趣爱好，下棋、弹琴、垂钓、习字、绘画、读书、写作，随时要想到有一天自己离职、退休了，还能干点啥；一定要扮演好人生的每一个角色，或父母、或儿女、或兄弟、或姊妹、或朋友，绝不能因为工作，让工作之外的另外一些角色留下遗憾。因为工作和生活不应该是矛盾的，认真工作和好好生活绝不是鱼和熊掌的关系。

第九，修炼持续的学习力。冰箱为食品保鲜，学习为教师保鲜。太阳每天都是新的，唯有学习才让每一天变得新鲜。

教师即课程，在孩子面前，你读过的书、你持续的学习，都在你的一举一动、一言一行、一颦一笑中。就像影片《无问西东》里的老师，"虽破瓦寒窑、一介布衣，但端坐那里就是一片锦绣山河"。

喜欢学习的人不会无聊，也不会感到寂寞。而教师坐吃老本，疏于学习，不仅会造成"本领恐慌"，而且会产生"幸福危机"。

因此教师应该不断学习，坚持学习，让自己涵养一种持续的学习力。通过学习，静静地"吸收"，达成绵绵的"倾吐"，实现融融的"建构",收获源源不断的幸福。

第十,坚持理性的教育精神。当下教育的残酷竞争,疯狂应试,已失去了教育的理性。失去理性的教育精神,给教师戴上精神的枷锁,是让教师感受不到职业幸福的元凶。

坚持理性的教育精神,就一定要跳出唯分数的怪圈,冲破分数的桎梏,探寻教育本质,追寻教育的终极价值和目标;就一定要落实核心素养,坚持全面发展,坚持立德树人,坚持育分育人;就一定要让教育回归常识,回归宁静,回归人性,回归自然,回归生活,让教育远离喧嚣,远离功利,远离焦虑,让教育真正回家,让教师过上一种真正幸福的教育生活。

教师教育生活幸福了,他们眼中才有光、心中才有梦,才能通过教育应有的温情美丽,塑造孩子美好的生命,成就自己美好的人生。

让校园因我们的幸福而充满活力!

让学生因我们的幸福而健康成长!

让教育因我们的幸福而无限美好!

第八讲

老师,我们可以平凡,
但绝不能平庸

常常与年轻教师探讨自身成长和如何爱岗敬业的话题，一些年轻教师觉得教师这个职业就这么一回事，太平凡了。言下之意，没有成长的价值，也不值得去爱岗敬业。

一、教师职业注定平凡

一根粉笔伴一生，三尺讲台站一辈子，长期封闭在校园，经常与孩子打交道，大不了当个"孩子王"，不可能有什么壮举，也不可能有什么惊天动地。教师这个职业，注定是平凡的。

但是对于这个平凡的职业，我们完全可以全身心投入，带着真感情做教育，做真教育，诠释教育的真谛，过一种幸福的教育生活，演绎一种幸福的教育人生。

像著名特级教师于漪、李吉林、于永正、吴非等，一直扎根教育第一线，勤勉躬耕，呕心沥血，挥洒青春，奉献一生，把平凡的职业铸就成了伟大的事业，他们的名字响彻教育的寰宇，他们的教育思想历久弥新。

二、可以平凡，但不能平庸

如果我们因为职业平凡，就得过且过，不思进取，为此"躺平"，则会走向平庸。

平凡与平庸只一字之差，却有着本质的区别。平凡本指没有什么波折的事物表面，常用以形容很简单的人或者寻常的价值，没有什么特别之处，让人感觉很大众化。平庸意思是普通、寻常而不突出，指一些人有潜能而不挖掘，有能力而不施展，有本领而不发挥，自甘落后，自暴自弃，碌碌无为，无所作为。

平凡与平庸，是工作、生活的两种态度，两种心境。

平凡是生命的常态，是大多数人的一种状态。我们都是凡夫俗子，都是平凡的人，都干着平凡的工作。除了王孙贵族、巨富之子、名流之后，我们对于平凡，都无法选择，无法逃避。

而平庸却是一种消极的人生态度，它不是因为我们天赋不行，也不是因为我们没有能力，更不是因为我们缺少机遇，而是因为我们缺少工作热情和认真负责的精神，缺少高昂的斗志和竭尽全力的追求，缺少吃苦的毅力和咬定青山不放松的执着，将美好的时光、美好的生命白白虚度。

平凡与平庸的根本区别就在于，平凡是我们共有的属性，不以人的意志为取舍；而平庸，差不多都是我们自己的选择，自己的放弃。

三、平凡铸就伟大，平庸一事无成

平凡的人能够把平凡的工作做到极致，做到不寻常；而平庸的人却往往使崇高的事业变得很卑下，一文不值。

平凡的人不一定能成就震天撼地的伟业，像小草一样一点儿也不出色，像螺丝钉一样一点儿也不起眼，像划过的火柴一样只能发出微弱的光亮，但却能够兢兢业业地去付出，踏踏实实地去工作，默默无闻地发挥着自己的作用，实现着自己的价值，创造出不平凡的业绩。就像教师这一工作，虽然不能拥有显赫的职位，丰厚的财富，但却能够让我们在陪伴孩子的成长中，实现自己的人生意义和价值。

平庸的人也许具有得天独厚的优势，但是他们往往安于现状，自愿放弃，随波逐流，缺乏自信。即使是参天大树，也一定会是满树枯枝；即使是一堆火药，也会是一堆受了潮的哑药；即使是一台大功率的发动机，也会因为不能正常运转而被弃之于一隅。

一个人即使工作岗位再光鲜，再显赫，但一旦选择了平庸，终将无可救药，一事无成。

四、把每件平凡的事情做好就是不平凡

一切不平凡的业绩都出自平凡，把每件平凡的事情做好就是不平凡。

日本野田圣子的故事，大家可能都知道，野田圣子刚步入社会时的工作是洗厕所。当时野田圣子还是一个妙龄少女，洗马桶这种工作她根本就适应不了，当她手拿抹布伸向马桶时，便呕吐不止。

正当野田圣子犹豫不决时，一位同事来到她面前。只见这位同事一遍遍擦洗马桶，直到擦洗得光洁照人，擦洗完后，同事用茶杯从马桶中舀满一杯水，端起来一饮而尽。

野田圣子从同事身上受到很大的启发，她发誓：就算洗一辈子厕所，也要在这个岗位上做一个最优秀的人！

由于有了这种态度，野田圣子成了一个充满激情、立志创造奇迹的人，37岁就当上了日本的邮政大臣。

像我们身边的很多优秀教师、师德标兵、模范班主任等，他们都是从普通平凡的教师岗位干起，凭着自己的坚忍和执着，凭借自己的坚守和一腔热爱，干出了非凡的业绩，而最终赢得了荣誉。

由此启迪我们，平庸的理由可以有千万条，但杰出的原因只需要一点，那就是，即使平凡，也绝不能平庸。

五、平凡不是我们的错，但甘于平庸就是大错特错

许多教师刚走上工作岗位时，都有工作热情，都有远大的志向，都想干出让人服气的成绩，都不甘于平庸，然而在遭遇一些挫折、遇到一些困难、面对一些压力、承受一些打击之后，便心灰意冷，意志消沉，自觉不自觉地步入了平庸的境地，进入了人生的灰色地带。

从平凡到平庸仅半步之遥，稍有松懈，平凡就会变得平淡，平庸便是最终归宿。

我要说，平凡不是我们的错，但是如果甘于平庸，就是大错特错。

作为人类灵魂的工程师，我们担负着传道、授业、解惑的光荣职责，也肩负着为党育人、为国育才的神圣使命。每到开学季，孩子们背着书包蹦蹦跳跳地走进校园，来到我们的身边，他们用充满期待的目光打量着我们，他们不知道我们将会给他们怎样的一种教育，也不知道他们未来会有一个什么样的人生，孩子们的成长和命运，可以说完全掌握在我们的手中。

既然选择了三尺讲台，我们每位教师都要自觉坚守平凡，敬业精业乐业，不甘于平庸，不要让自己的人生在平庸中虚度，不要让孩子们因为我们的平庸而荒废他们的学业，毁掉他们的人生前途。

我们如果贱视职业，作践的将是自己；如果荒芜时间，荒芜的将是自己的未来；如果消磨斗志，消磨的将是自己的生命；如果亵渎教育，亵渎的将是孩子们的幸福人生。

当然，我们追求的最高境界，不仅仅是坚守平凡，不甘于平庸，还要有超越平庸、追求卓越的勇气。拿破仑曾说："不想当将军的士兵不是好士兵。"借用其话，我要说："新时代不想追求卓越的教师不是好教师。"

事实上，卓越与平庸往往只差那么一小步，只要我们每一位教师立足自身实际，对我们的工作多一份责任，多一点良知，多一种用心，多一些热情和努力，在爱学生中沉浸其中，在积极主动中赢得机遇，在不断进取中成长自己，在奋斗拼搏中丰盈内心。其实，卓越而幸福的彼岸就离你越来越近了。

或许我们无法回避平凡，但是我们完全可以拒绝平庸，走向卓越！

第九讲 不是焦点的阳光不能燃烧

要想获得事业的成功，必须专注。专注是一种可贵的品质，一种崇高的精神。不论是伟人还是普通人，要成就事业，除了有相应的能力和智慧外，更重要的是要有专注的品质和精神。只有专注，才能心无旁骛，全心投入；才能执着虔诚，全力以赴；才能披荆斩棘，不畏艰险；也才能笑对苦难，不惧挫折。大家知道的水滴石穿，绳锯木断，铁杵磨针，愚公移山，这些成语典故，都是对专注的最好诠释。

教师这个太阳底下最光辉的职业，真的很特殊，特殊就特殊在教师要靠自己崇高的理想，乐观的态度，广博的知识，丰富的阅历，进取的精神，高尚的人格，坚韧的毅力去影响学生、启迪学生、熏陶学生、成就学生，让学生成为一个全面发展、健康乐观、积极向上、有所作为的合格公民。要达成这种目标，教师对于职业更应具备一种专注的品质。

然而现实中，一些教师的表现却令人担忧，有的受社会大环境的影响，不甘寂寞，不甘清贫，忙着干别的事情赚钱，把本职工作当副业，应付了事；有的在工作中是两分钟的热情，三分钟的激情，冷热毛病严重，缺乏一种持之以恒、稳扎稳打的风范与劲头；有的见异思迁，这山望着那山高，人在曹营心在汉，心思和精力没有放在工作上；有的教书不用心，学习不专心，对学生没耐心，对本职工作不上心，没有强烈的事业心；有的在工作上碰到一点困难，遇到一点难题，就怨声载道，唉声叹气，打退堂鼓；有的地皮还未踩热就找人情、托关系，思跑思调，很难做到坚持与坚守。

这样的教师，由于缺乏一种专注，很难想象，他会教出什么样的学生，带出什么样的班级；也很难想象，他自己的工作会取得什么成绩，人生会有什么作为。

我认为，教师肩负着培养下一代的神圣使命，承担着人类科学文化的传承任务，教师对于天职，必须力求专注。

一、把浮躁关在笼子里

在当今这样一个喧嚣嘈杂的社会，人们很容易受各种各样的观念、行为乃至所谓潮流的支配，浮躁便成了时代的一种通病，不少教师也自觉不自觉地沾染上了这种"浮躁病"。

教师一旦沾染上了这种病，就会失去自我判断能力，忘记自己的愿景，干什么事情就会静不下心，沉不住气；就会以一种功利化、世俗化、冷漠化的心态应对周遭世界，面对一个个活泼可爱的学生，从事教书育人的神圣职业。

正如德国鲁多夫·奥伊肯所说的，所有的工作都会"降低为机械的习惯，降低为虚伪的、半心半意的例行公事"。如此就不能全身心投入工作，也很难真正领略到教师职业的价值和生命的意义。

然而，教育是一项崇高而复杂的事业，自身的学习，专业的成长，素质的提升，何尝不需要教师的细心与宁静？学生行为的规范、品性的养成，何尝不需要教师的耐心与平静？对学生知识的传递、要求的严格，何尝不需要教师的精心与冷静？

管建刚在《不做教书匠》一书中有过这方面的论述：用自己的力量成长，既要经得住教育探索的艰辛，又要耐得住教育研究的寂寞。一个真正的教师，会沉浸在别人以为寂寞无聊中而乐此不疲，像周国平先生所说的"丰富的安静"。在我看来，不管是太空时代，还是新新人类时代，教育都要拒绝浮躁，都要静下心来。任何虚伪的行为，最终导致的只能是教育的失误乃至失败。

教育不需要浮躁，教育不需要急功近利，教育需要一种宁静的状态，平静的心态，冷静的形态，教师应该在自己的内心建构一个心灵的"地下室"，应该在自己的内心深处拥有一个"瓦尔登湖"。

二、"我要开花",不被左右

有这样一则心灵故事:

一群癞蛤蟆比赛爬高塔,周围有一大群围观的蛤蟆在看热闹。比赛开始了,大家奋力往上爬。这时候围观者开始议论:"太难为它们了,这么高的塔,它们爬得上去吗?"不少蛤蟆开始泄气了,但还是有一些蛤蟆奋力向上爬去。

围观者又开始议论了:"这么艰苦,这么困难,它们能够爬上去吗?太危险了!"又有一些癞蛤蟆退了下来。

只有一只蛤蟆一如既往地继续向上爬,最后到达了塔顶。大家都很好奇,想知道它凭什么能够爬到终点。结果大家惊讶地发现:原来它是一只聋蛤蟆。

这个故事告诉我们,成功的路上可能会遇到很多阻挠,会听到很多冷嘲热讽、流言蜚语,我们应该做到的是——"走自己的路,让别人说去吧!"

别人永远是别人,任何人都不能代替你自己,也不能阻挠你自己,自己应该最了解自己,自己应该最在乎自己。只要自己行得端走得正,就不必在意别人怎么说,只要自己能够保持一种专注,一种定力,就不必看他人脸色行事,也不必活在他人的闲言碎语和冷嘲热讽中。

既然选择了远方,便只顾风雨兼程,高歌前行。对所有的干扰和阻挠，我们完全可以不看不听，置之不理。成功的准则很多，有一点非常重要，那就是当别人在非议你的时候，你要做一个"聋耳青蛙"，活出自我，要有"我要开花"的信心和姿态。

三、全神贯注的力量

一个一百与一百个一，虽然数学上的得数相同，但实际效果完全不同。好比在一个地方挖一百下，就很有可能挖出水来；而在一百个地方每个地方挖一下，就肯定挖不出水。

一颗子弹，如果用手扔出去，连塑料膜都穿不透，如果从枪膛里射出去，就能够射穿木板、铁板。把阳光聚在一起，就算在寒冷的冬天，也能燃起一团火焰。思考这些现象，我们得出一个道理：干任何事情只要聚精会神，全神贯注，久久为功，就一定能获得成功。

当然，集中精力做事，也要有轻重主次之分，要抓主要、抓重点，按照轻重缓急来行事，用对方法来做事。只有做到主次分明，有轻有重，既埋头拉车，又抬头看路，才能避免劳而无功，忙而无效。

四、岗位是用来奉献的

教师岗位清贫而富有，平凡而伟大。广西师范大学王彤教授曾说："虽然教师职业是清贫的，报酬是低廉的，然而并不因此放弃自己的理想，因为他不是为'利'而选择这一职业的；虽然教师劳动的周期长，劳动价值不易为人们正确地估价，然而他并不因此改变自己的初衷，因为他不是为'名'而走上这条路的。"

我们的教师只有把这一职业看作是展示自己才能的平台，成长自己专业的舞台，放飞自己教育梦想的起跳台，才不会认为教师这个职业"太普通""太平凡"，而看低教师职业；才不会认为教师这个职业"太辛苦""太折腾人"，而把自己当成"苦行僧"；也才不会认为教师这个职业"太清贫""太穷酸""太寒碜"，而不安心，不守本分。

教师这个职业尽管不能排在职业排行榜最前列，但是这是能单纯地做事、创造性地做事的职业，是能实现自己人生意义和人生价值的职业，是塑造人的生命，成就人的美好，为人的幸福奠基的伟业。

作为教师，既然选择了这个职业，就没有理由不热爱这个职业，就应该干一行，爱一行，专一行，精一行，通一行，就应该勤勤恳恳地工作，默默无闻地奉献自己的才华与智慧，就应该用心教书育人，用心感悟教育规律，用心为学生的成长和未来的人生幸福担责，用心为学校和教育发展添砖加瓦，用心把素质教育的理念转变为生动的教育教学实践。

保持专注，让职业因我们的专注而灿烂，让教育因我们的专注而美好，让人生因我们的专注而熠熠生辉！

第十讲 铸就新时代的好校长

一个好校长，就是一所好学校；一所好学校，离不开一个好校长。这不容置疑。那么怎样才能铸就一名新时代的好校长呢？我以为，可从以下八个方面去用"心"。

一、用良心做教育

教育是良心活儿，是良心的事业，国家把学校交给我们，家长把孩子托付给我们，可以说，孩子的前途，家庭的命运，民族的兴衰，祖国的未来，完全掌握在我们的手中。校长一定要坚守良知，要具有良心。陶行知先生说，不要你的金，不要你的银，只要你的心。国家把整个学校交给你，你应该用整个的心做整个的教育。

校长的良心首先应体现在心无旁骛，不存杂念，用心思考教育，用静心执着于教育，用专注心虔诚于教育，用全身心的投入诠释与演绎教育。

其次应该体现在不为社会的喧嚣所扰，不为教育的功利所惑，不为外界的压力所屈，不为世俗的评价所从，能够不忘初心，不易素心，以应有的勇气捍卫教育的本真，以过人的智慧真做教育，做真教育，把教育做真。

有可能，很多时候，校长不能完全置身于教育的"桃花源"，很多方面，校长也许会遭遇诸多的尴尬和无奈，但无论如何，这都不是沉沦的理由，不是迎合的托词，不是良心泯灭的借口。一个有良心的校长他会遵从于自己的内心，听从内心的声音，在"开枪时"他不会"瞄得那么准"，他完全可以选择"把枪口抬高1厘米"。

二、用爱心对学生

教育是从爱出发，没有爱就没有教育，没有爱心就没有美好的教育。

我们经常要求教师要有爱，要有爱心，其实，对于校长，更要对学生有爱，有爱心。

当然，校长对学生的爱和爱心，不可能像教师那样细腻周到，细致入微，也不可能像教师那样把温暖和情感倾注在每个孩子身上，但是校长完全可以不以校长自居，经常到学生中去，蹲下身子，平易近"生"，拉近和学生的距离；完全可以营造一个充满爱心、荡漾爱意、弥漫温馨的校园氛围，让学生在校园"爱"的包围与环绕中幸福地成长；完全可以不以严酷的制度去约束学生，不以冰冷的分数去压榨学生，不以军营的方式去管理学生，不以机器零部件的锻造去加工学生；完全可以对学生多一些信任，在信任中让学生多一些信心，对学生多一些尊重，在尊重中唤醒生命的潜能，对学生多一些放手，在放手中寻求更多的教育机会，对学生多一些倾听，在倾听中让校园生长学生的想法。

三、用共理心待教师

校长要始终明白，学校因教师而发展，因教师才有了校长。校长不管怎么能干，离开了教师，我们什么都不是；校长的思想理念不管怎样先进，愿景愿望不管怎样宏大，离开了教师的支持，所有的一切，都是水中月、镜中花，都是美丽的海市蜃楼。

很多校长都是从教师的岗位走过来的，按理说，应该最了解教师，最知道教师的疾苦，最明白教师的心思，最深谙教师的想法，最懂得教师的期待，肯定也最理解教师。然而不可思议的是，一些教师在做了校长之后，却目无教师，不念及自己就是曾经的教师，不顾及教师的感受，完全自作主张，我行我素，耍威风，玩权术，刷存在感，与教师离心离德。这样的校长，很难得到教师的认同支持、爱戴拥护，更难得到教师心甘情愿的追随，无怨无悔的奉献。

校长的第一称谓是教师，最美丽的称谓是教师，永远的称谓还是教师，校长一定要善待教师。校长善待教师最重要的一点，就是要有同理、共情之心，要学会将心比心，以心换心。己所不欲，勿施于人。也就是要学会换位思考，要随时想到自己就是一名教师，一名曾经的教师，自己对教师的那一切，换作自己是教师，会怎么想，能不能接受，给不给予支持。这样一来，就很容易走进教师心里，与教师产生共情共鸣。

四、用善心处他人

人之初，性本善。心存善念，心怀善心，作为一种与生俱来的东西，这不仅是对校长的要求，而且也是立于天地之间的每一个人都应该具备的基本品质。

人不可有整人、害人之心。虚怀才能若谷，天道才能酬勤，厚德才能载物，心善才能心安，才能无愧，才有福报。所谓的，善良的人，上天都不会亏待；善良的人，好心都有好报！

作为校长，必须要有善良之心，这既是校长赢得人脉、构建良好人际关系的一笔财富，也是让校长魅力独具、人格熠熠生辉的一轮太阳，更是校长为别人带去快乐，为自己带来心安的一种智慧。

我以为，一个校长，你可以对人很凶，很严厉，可以批评人不留情面，甚至可以板着面孔不近情理，但是，只要你心地善良，与人为善，一切从"善"字着眼，人们都可以接受，甚至可以忍受，都会记着你的好。

五、用公正心立威信

公正是最大的动能，不公正是管理的天敌，也是最大的邪恶。

决定一个校长在学校有没有影响力，最大的因素是什么，那就是校长公正与否；决定一所学校的教师工作上有没有积极性，对校长服与不服，最关键的要素是什么，还是校长的公不公正。

我有一个基本的判断，教师即使工作条件差一点，待遇低一点，工作量大一点，他们也许都能面对，都能适应，他们最不能容忍和接受的是校长对他们的不公正。很多教师思走思调心切，往往不是这里的环境、报酬、辛苦的问题，而是校长对人对事不公，他在这里遭受到了不公正的待遇。

因此校长必须修炼一颗公正的心，努力做到坚持原则，一视同仁，公私分明，秉公办事。

六、用包容心容一切

包容心体现为宽阔的胸襟，不同寻常的宽容精神。海纳百川，有容乃大。

校长的包容心，既是校长的一种美德，又是校长的一种工作方式。它不但可以体现校长的雅量，而且能体现校长高明的工作艺术；它不但可以体现校长有没有自信心，而且能体现校长对全局的把控和拿捏有度，收放自如；它不但可以增强校长的一种向心力、凝聚力，而且还可以为团队营造一种和谐、宽松、舒畅的工作氛围。

试想，一个校长心胸狭窄，小肚鸡肠，不能容人、容言、容事、容物、容错，这也计较，那也计较，随时感觉这片天要塌，那块地要陷，草木皆兵，紧张兮兮，不但让自己活得累，也会给教师带来怨气，带来雾霾，带来不良的工作情绪。

校长尽可能让自己有一个敞亮的胸怀，博大的气度，装得下所有，容得下一切，做到额头能跑马，肚里能撑船，这会给自己的管理带来冷静优雅，挥洒自如，从容不迫。

七、用平常心面对现实

什么是平常心？平常心就是不以物喜，不以己悲，就是宠辱不惊，看庭前花开花落，就是去留无意，望天上云卷云舒。

也就是遇事，心境平和、淡定宁静、顺其自然、懂得取舍，一切想得开、看得淡、识得透、放得下，不过分在意得失，不一味看重成败，不刻意追逐名利，不把一切都紧紧地攥在手中。

对于校长，不仅做人需要保持一颗平常心，就是做教育，同样要拥有平常心。遵循教育规律，顺应孩子天性，遵从孩子的自然本性，摒弃工业制造思维，不拔苗助长，不急功近利，不急于求成，不以自己的面子、学校的声望去禁锢孩子的身心，让教育回归本真，让孩子成为他应该成为的人。

八、用进取心超越自我

人不能没有进取心。很多人习惯于吃老本，循老路，得过且过，安于现状，停步不前，都是因为缺乏进取心。

校长的进取心，不仅关乎校长能否走出"躺平"，能否突破自我，能否让学校"更上一层楼"，而且关乎着教师生命的活力，对职业的态度，对教书育人的热情和激情。

校长的进取心，首先表现在校长的学习上，学习永远没有终点，没有止境，没有毕业，生命不息，学习不止。在学习中修炼气质，浸润心灵，丰盈内心，拓展思维，开阔眼界，提升品位。其次表现在校长的创新上，不因循守旧，不人云亦云，不按部就班，不故步自封，善于搅动奶酪，敢做吃螃蟹的第一人。再次表现在校长的攻坚克难上，面对新情况、新矛盾、新问题，不遮掩，不回避，不推卸，敢于担当，善于应对，勇于破解，在不可能中找到可能，在山穷水尽中寻找柳暗花明。最后表现在校长对自我的挑战上，不满足现状，不沾沾自喜于已取得的成绩，不躺在功劳簿上睡大觉，不断给自己架设"篮球架"，搭建"天花板"，设立新目标，让自己永远处于出发的姿态，竞技的状态。

相由心生，情由心出，事由心成，一切从"心"出发，一切皆由"心"使然。相信，围绕这八个方面，多一些用"心"，一个个新时代的好校长，将会呼之欲出，横空出世，闪亮教育的星空！

第十一讲

校长必须要有事,要谋事,要成事

学校要发展,校长必须要有事,要谋事,要成事。有事是谋事的基础,谋事是成事的前提,成事是有事、谋事的最终归宿,也是检验校长工作的重要标准。

一、要有事

眼中要有事。校长眼中随时要看得见事,不仅要看得见大事,而且小事也不能忽视。校园中的一堆垃圾,就在校长的眼皮底下,有的校长有可能视而不见,绕道而行,典型的"睁眼瞎"。有的校长却有可能一眼看见,迅即安排人甚至亲自把它运走。墙壁上电线裸露了,某段围墙开裂了,有的校长拥有一双慧眼,及时发现,及时整治,让安全隐患及时消除。而有的校长却熟视无睹,即使看见也当没看见,有可能让小隐患酿成大事故。

心中要有事。校长眼中有事,或许看到的仅是事物的表象,校长如果能够做到心中有事,就会透过事物的表象看到事物的本质。

眼前这堆垃圾运走了,心中有事的校长就会琢磨:这里为什么有垃圾?别的地方有没有垃圾?这次把垃圾处理了,下次还会不会出现垃圾?垃圾在校园里的出现暴露了管理上的什么问题?学校这方面制度健不健全?对学生的行为习惯养成教育是不是流于形式?

看到围墙开裂了,心中有事的校长会举一反三:为什么围墙会开裂?其他地段围墙开裂没有?对开裂的围墙怎样处理?学校还存在其他安全隐患吗?

心中有事的校长,不仅心中装着事,而且还会根据心中的事,不论大事小事,触类旁通,顺藤摸瓜,由外及内,由表及里,由现象到本质,逐一解剖,从根本上加以解决。

手中要有事。手中有事的校长,不会仅当裁判员、指挥员,更重要的是他会把自己当成运动员、战斗员。

他深知,最好的管理莫过于示范;他明白,"跟我上"比"给我上"更有力量;他更懂得,只有把眼中的事、心中的事牢牢地攥在手里,才是真抓实干,也才是最好的落实。

二、要谋事

在"无事"中谋事。所谓"无事",并非天下太平,也不是万事大吉,往往因为我们的疏忽没有发现问题,或者是因为暂时的风平浪静掩盖了问题,再或者是因为我们的畏惧心理粉饰了问题。

比如学校的安全工作，一段时间没有发现什么隐患，也没发生事故，然而没有发现隐患并不等于没有隐患，现在没发生事故并不等于今后不会发生事故。

再如师德师风，学校里没有出大的问题，那么有没有小的问题？现在没有大的问题，今后会不会出现大的问题？其他学校在师德师风上出现了一些问题，对我们有什么启发和警示？

所以，作为校长，越是在"没事"的时候，越是在风平浪静的时候，越是要提高警惕，越是要居安思危，越是要"无中生有"，越是要主动谋事，越是要有"以有事之心处无事，以无事之心处有事"的境界。

在责任中谋事。责任是与生俱来的一种使命，让人挥之不去，魂牵梦萦。我们因共同的事业走到了一起，也因共同的责任捆在了一起。一个人什么都可以舍弃，但难以舍弃的是责任。

强烈的责任可以战胜一切。校长作为一校之长，使命神圣，责任重大。当下学校发展的责任，"双减"下孩子的成长责任，新时代下教育高质量发展的责任，这些责任都系于校长身上。校长一方面要有责任感，要懂得责任的承担，另一方面要强化"在责任中谋事"的理念，着实提高履行责任的能力，把责任演绎成落地有声的执行和实实在在的工作成果。

在思考中谋事。校长工作头绪多，上面千根线，下面一根针，校长确实很忙。但如果校长忙到没有一点时间来思考问题，那就太不正常了。

我认为，这样的校长不是因为忙，而没有时间思考，正是因为没有时间思考，才显得异常的忙，以至于忙得晕头转向，忙得不可开交。人是会思想的芦苇，人因思考而走向成熟，事业因思考而走向成功。校长在思考中谋事，我以为这三个问题值得考量。

一是我凭什么当校长？有的同志是凭德才当校长，有的同志是凭经验当校长，有的是靠吃苦和实干当校长，有的是靠关系和后台当校长。我们应该扪心自问，我是凭什么当校长？职位是组织安排的，但是校长的权威却是自己干出来的，如果一个校长没有几招让大家称道的功夫，那么你这个校长就当得窝窝囊囊，就当得有名无实。毛泽东同志在1939年就提出："我们队伍里边有一种恐慌，不是经济恐慌，也不是政治恐慌，而是本领恐慌。"我觉得，我们的校长队伍中也有一种恐慌，那同样是"本领恐慌"。之所以出现这种恐慌，就是因为一些校长根本没有把心思用在工作上去琢磨事情，没有用在学习上去提高本领，没有用在带队伍上去引领前行。这些校长更应该随时问问自己：我凭什么当校长？

二是我该干什么事？老师有老师的职责，校长有校长的职责，老师的职责是教好书育好人，校长的职责就是管理好学校。我们应该经常扪心自问：自己作为校长，把心思和精力全部放在工作上了吗？有没有职责不清，主次不分，本末倒置的情况？是不是成天仅限于迎来送往，忙于各种应酬呢？自己对学校的管理做得如何？

三是我该怎样干好事？要干好工作，就要涉及身先士卒的问题，教育价值取向的问题，凝心聚力调动积极性的问题，风清气正有一个良好干事氛围的问题，用对方法做对事的问题……在这些方面不去谋划和思考，那是肯定干不好事情的。

在民意中谋事。从大的方面讲，要把人民群众的呼声作为第一信号，把人民群众的需求作为第一需求，把人民群众的满意作为工作的第一标准，努力办好人民满意的教育。当然这里的"人民"也包括教师和学生。检验我们的教育，我们必须首先考虑的是，教师满不满意，学生满不满意，绝不能把教师和学生排除在外。

从小的方面讲，决策要科学，校务要公开，管理要民主，一切工作举措、方法和出发点，都要体现教职工的呼声和意愿，都要有利于调动教职工工作的积极性和主动性。

三、要成事

把小事办实。"细节决定成败""细节决定命运""小事不小""小事中体现着大发展"。如果小事办不实、细节管不好，那么我们良好的教风、学风、校风就很难形成，教育教学就肯定要受到影响。只有把小事办实，我们才能办成教育发展和教育平安稳定的大事。

把急事办妥。紧急情况和突发事件，是突如其来飞向校长的一张考卷，是对校长应变能力的检验，是对校长自身素质的考验，当然，也是对校长难得的历练和锻炼。

因此，校长要有控制局面和化解矛盾的能力，还要有把急事办妥的方法和水平。对于急事，情况要弄清，应对要不惊，心中要有数，因势要利导，处置要果断。

把难事办好。难事知得失，难事见功夫，难事看担当。解难题，办难事，打硬仗是新时期校长必须具备的素质。难事犹如战场上的碉堡，犹如前进中的拦路虎，如果不集中力量和智慧，把它炸掉，将其铲除，就会阻碍教育的发展。因此，我们的校长应有攻难事的底气，办难事的勇气，克难事的豪气。

把大事办成。教育教学质量整体提升是大事，各项重点建设全面推进是大事，教育平安和谐稳定是大事，每所学校面对各自不同的层次和阶段都有相应的一些大事，我们只有通过群策群力、共同努力，把这些大事办成，我们才有话语权，才有形象，才有尊严，教育才能发展，才能铸就品牌，才能造福一方百姓。

校长要有事，要谋事，要成事，这是校长的天职，也是校长的本分，校长应该在"事"上做好文章，想事，干事，谋事，成事，最后还有一点，那就是不出事！

第十二讲 理想课堂的认知与架构

理想课堂，是一个持续而艰难的探索。这些年，我一直在琢磨课堂的问题，也在为理想课堂的架构，作出了一些思考。

一、当下教育所有的问题，或许都是课堂的问题

现实中的课堂问题的确很多，我曾经做过一个梳理，包括：意识上的以师为本；观念上的墨守成规；做派上的无上权威；方法上的一成不变；行为上的完全把控；教学上的空洞说教；手段上的题海战术；知识上的生硬灌输；形式上的正襟危坐；气氛上的噤若寒蝉；目标上的整齐划一；效果上的囫囵吞枣。

课堂上的这些问题，带来并产生了教育上的很多问题。

一是课堂教学效率低的问题。一些教师缺乏对教材、教法、学情、生情的研究，致使课堂教学存在不同程度的低效性。

二是学习效果差的问题。学生本是课堂的主人，教师有可能存在角色错位，包办课堂的情况，以致学生缺乏学习的主动性，只是

机械被动地学习，因而导致学习效果差。

三是学生负担重的问题。由于课堂教学效率低，学生学习效果差，迫于应试属性下的评价压力，为了提高学生的学业成绩和分数，学校和教师便把无限延长教学时间，拼命地刷题，反复地练习，疯狂地补课，作为取胜的法宝，不仅给学生带来沉重的负担，而且让不少家庭也不堪重负。

四是培养不出创新人才的问题。课堂的满堂灌，满堂练，满堂考，让学生除了识记一些知识点，获得一个分数外，在创新意识、创造能力等方面不容乐观。为什么我们的学校总是培养不出杰出人才？为什么几千个高考状元难以成为领军人才？为什么中国基础科学研究领域没有人获得诺贝尔奖？这些问题，其实都可以从我们的课堂中找答案。

五是教师职业倦怠的问题。教师日复一日，年复一年，几十年如一日，站在那个三尺讲台上，面对那个单调、烦琐的课堂，按部就班地不断重复着那些相同的知识点，没有变化，没有创新，没有感受到创造带来的乐趣，也没有体验到创造性的课堂所带来的职业幸福，久而久之就很容易产生枯燥和职业倦怠。

六是教育遭受社会诟病的问题。当下，社会上所诟病的个别教师补课的问题，留作业让家长批改的问题，育分不育人的问题，立德树人缺失的问题……如果溯源下去，最终完全可以归结到课堂上。

社会上的所有问题，可以用教育来解决，教育上的所有问题，可以通过课堂来解决。然而，现在教育上的所有问题，却不是通过课堂来解决，而是用考试来解决，用刷题来解决，这不能不说是一种怪象。

二、应该以壮士断臂之勇，变革传统课堂

没有完全相同的两片树叶，人也永远不可能两次踏入同一条河流，这个世界唯一不变的是变化本身，变化是常态，我们应该学会寻变、求变。传统的课堂模式是标准化、批量化生产的大工业时代的产物，而今已经进入了人工智能时代。

随着社会的发展，学生的学习方式已发生了根本性变化，过去学生获得知识唯一的通道是老师，是在学校里，而现在的学生可以用手机进行学习，可以在百度上进行学习，可以在电脑上进行学习，除了线下，还可以在线上进行学习；而且教学手段也今非昔比，过去老师依靠一支粉笔、一根教鞭执掌课堂，而现在的现代信息教育技术，各种多媒体设施设备，为现代课堂进行现代化教学提供了强大支撑；从育人目标来看，也有了深刻转变，过去工业化时代，立足于培养有一定技术、会动手操作的产业员工，而未来社会需要的却是各种具有创新、创造品质的人才。

所以，那张昨天课堂的旧船票很难登上明天课堂的大轮船，变革传统课堂势在必行。我有一个观点，未来的教育，谁先掌握课堂变革的主动权，谁就会抢占教育的制高点，也必将会赢得教育发展先机。可以这样说，得课堂者得天下，赢得课堂者赢得高考。

三、理想课堂有着共同的基因和密码

教有法，但没有定法。课有模式，但没有一成不变的固定模式。我历来反对生搬硬套的所谓"法"和"模式"。

虽然教没有固定之法，课也没有固定模式，但是理想的课堂是有着共同的基因和密码的，也是有着共同的价值取向的。

第一，理想课堂一定是能够坚持以生为本的课堂。以生为本的课堂主要体现在以学生的主体为本，以学生的成长为本，以学生的尊严为本，以学生的身心健康为本，以学生的全面发展、全体发展、个性化发展为本。

第二，理想课堂一定是能够自由呼吸的课堂。能够自由呼吸的课堂，是能够看见人的课堂，是能够闪耀人性光辉的课堂，是能够辉映人文光芒的课堂，是能够传递生命气息的课堂，是能够充满温暖、体现温馨、彰显温度的课堂。

能够自由呼吸的课堂，不再是冷冰冰的讲堂，而是师生放飞梦想的学堂；不再是教师拥有的讲台，而是师生心灵对话的舞台；不再是一个画圈的句号,而是一个个开启心智的问号;不再是枯燥的三味书屋,而是充满乐趣的百花园。

第三,理想课堂一定是能够获得幸福体验的课堂。教育的终极目标是为了追求幸福,教育是幸福的事业,师生的教育生活需要幸福,应该幸福,必须幸福。成人永远比成才重要,成长永远比成功重要,幸福永远比优秀重要。

课堂是教育的主阵地、主战场,没有课堂的幸福体验,难有师生教育生活的幸福,也难有理想课堂的达成。

好的关系就是好的教育,良好的师生关系是课堂获得幸福体验的前提。课堂能够让学生在有限的时间里获得最大学习效益,这是课堂获得幸福体验的基础。在课堂上,学生全身心投入其中,如沐春风,感受到学习的快乐和愉悦,这是课堂获得幸福体验的关键。

第四,理想课堂一定是能够做到课前有期待,课中有创造,课后有回味,师生有成长的课堂。有期待的课,充满向往,一定很美好;有创造的课,一定不是生硬的灌输,而是思维的开启,兴趣的激发,求知欲的点燃;有回味的课,一定是课堂流香,意犹未尽,耐人咀嚼;有成长的课,一定是师生生命相互依偎,共同进步,共同成长,教学相长。

第五,理想的课堂一定是能够体现教育高质量发展的课堂。教育的高质量发展是时代的主题和要求,已经上升到战略高度、国家层面。

教育高质量发展路径尽管很多，但是理想的课堂，是重中之重，是根本之举。没有理想课堂，可以说就没有教育的高质量发展。

教育的高质量发展，不一定全是分数和成绩的发展，但是不可回避的是分数和成绩。

在分数评价和分数录取短期不能改变的情况下，我们唯一能够做的是通过理想课堂让分数和成绩带有生命的体温，通过理想课堂在给学生分数和成绩的同时，给学生比分数和成绩还重要的一些东西。

四、理想课堂生成的路径

第一，理想课堂的生成，必须与开放课堂相结合。一方面开放的课堂意味着课堂向所有人打开，正如佐藤学在《静悄悄的革命》中所说的那样，教师、学生、家长、社区热心人士，为了共同的教育目标，一起进入课堂，共同合作探讨。

另一方面，开放的课堂意味着把课堂搬出教室，让课堂走向田间地头、走向大自然、走向社区、走向工矿企业。

第二，理想课堂的生成，必须与读书相结合。理想课堂需要教师的专业素养支撑，在自己的学科领域缺少专业追求与专业素养的教师，很难构建出理想的课堂。

教师的专业素养从哪里来？我以为，应该从读书中来。读书是最好的学习，最好的备课，最好的成长，最好的专业发展，读书是站在巨人肩膀上飞翔，读书让教师成为真正的教师。

一个教师的素养，应该藏着他读过的全部的书。一个有素养的教师，能够在他的课堂上轻车熟路，得心应手。

推进理想课堂，应该从书香校园的营建入手，从教师的读书上着力。

第三，理想课堂的生成，必须与卓越课程的研发相结合。构建理想课堂，如果仅是"小先生制"，学生教学生，或者仅是课桌板凳的挪移，或者仅是课堂结构发生一些变化，或者仅是教师少讲、不讲，这还不是全部。课堂改革的核心是课程。

北京十一学校的课堂改革，取消了教室、课堂、班主任、学科教师，课堂怎样改？其切入点便是课程。学校依据国家课程，研发了一千多种校本课程、特色课程，建立了课程超市，学生根据自己的情况选择相应的课程进行学习。

没有个性化的课程，就没有个性化的教育，也就没有理想的课堂生成。

每个老师都可以成为课程的开发者、建设者，都可以生成一些个性化的课程，都可以从课程的变革上突围，撬动课堂的改革。

第四，理想课堂的生成，必须与社团的创设相结合。小社团，大社会。小活动，大舞台。没有活动就没有教育，没有丰富多彩的社团活动，就没有高质量的教育，也就没有理想的课堂。

学生在他们喜欢的社团活动的参与中，能够发现自我，塑造个性；能够变得阳光自信，抬起头来；能够在活动中爱上学校，爱上学习，爱上课堂。

老师参与其中，能够点燃热情，焕发激情，能够涵养童心，充满童真、童稚、童趣，让自己远离职业倦怠，从而能够从喜欢上学生、喜欢上课堂，走向研究学生、研究课堂，这一切都是生成理想课堂的基础。

第五，理想课堂的生成，必须与教育常识的回归相结合。教育的常识是什么？尊重教育规律，尊重学生身心发展规律，这是常识；认认真真备好每一节课，认认真真上好每一堂课，认认真真批改好每一本作业，认认真真辅导好每一个学生，这是常识；课堂改革应该因势利导，稳扎稳打，绝不能急躁冒进，急于求成，绝不能搞成轰轰烈烈的政治运动，这是常识；理想课堂的生成必须考虑班情、生情、学情，绝对不能东施效颦，生搬硬套，这也是常识。凡此种种，不一而足。

构建理想课堂，只有尊重常识，回归常识，捍卫常识，理想课堂才不会成为空穴来风，理想课堂才会行将致远。

让学生因理想课堂而快乐幸福，让校园因理想课堂而充满活力，让教育因理想课堂而更加美好！

第十三讲

在『变』中为线上教学『赋能』

与一些家长朋友交流，他们说，受新冠疫情的影响，孩子们在线上学习已经一个多月了。刚开始那几天，孩子觉得挺好奇，有一种新鲜感，比较兴奋，学得也认真，还算投入。后来慢慢就有了厌倦厌学的情绪。表现在学习上，松松垮垮、疲沓、不专注。不管家长怎样督促监控，孩子们还是无精打采，进入不了学习状态。

据网络报道，就在前几天，湖北襄阳的一所中学，一个学生因厌学逃避上网课，竟冒充"副校长"挨个私聊自己的老师，最后以至于让老师把网上的教学群全部给解散了。

这虽是一个很典型的个例，但的确反映与佐证了家长们所谈论的话题和现象。

孩子独处在家，缺乏同伴之间的相互交流和互相影响，也缺乏一种积极的学习氛围，而且长时间盯着手机、电脑，极易疲劳、分神，这是很正常的。

再者，一些学校仍然按照班级授课制、统一课表、严格作息时间的高强度控制方式组织线上教学，一些老师受传统教育方式的影响，仍然靠满堂灌，仍然习惯于知识的单向传授和生硬书本知识的强行灌输，因枯燥乏味，缺乏一种动能，以至于让孩子失去持续学习的热情和兴趣。

为此，我以为，当下的线上教学在以下几方面应该作出一些探索和改变。

一、教学环节组织，应由高强度控制转变为弱强度调节

居家学习不等于居家上学，网上学习不等于线上上课。居家进行线上学习，学校要给家庭和学生自主学习生活留有余地，留点弹性，留存足够空间，不能完全由学校固化课表，固定课程，固死时间。

如果教师分秒不差、时时控制，学生绳捆索绑，亦步亦趋，看似精准把控，滴水不漏，实则物极必反，收效甚微。

相反，给学生一些自主，让他们从高强度的教学环境中解放出来，自主安排时间，自主学习、自主阅读、亲子共读、自主锻炼、自主参加家务劳动，对学生学习是一种解放，对他们的个性又何尝不是一种解放。而且"弱强度"或许还能够带来学习的"高效率"。

二、教学内容设计，应由单纯"教知识"转变为"教做人"

仅停留于书本知识层面的线上教学，既容易让学生丧失学习积极性，又会使线上教学异化成应试教育的又一版本，窄化教育目的，助推应试教育。

学习是人生的持续过程，构成终身学习的四大支柱，即学会认知、学会做事、学会共同生活、学会生存。这是国际21世纪教育委员会1995年向联合国教科文组织提交的研究报告《教育——财富蕴藏其中》中提出的教育任务和使命。

线上教学内容设计如若能突破为知识而教、为分数和考试而教的瓶颈，开阔眼界，拓展思维，针对"四会"做文章，不仅能激发学生学习的热情，增强学生的参与度和主动性，还能使线上教学达成立德树人的目标，助力于教育本质与常态的回归。

在"学会认知"上，我们不能仅局限于书本知识的教学，当然必要的书本知识的传授与学习，这是必需的，但是我们不能仅局限于这个"知"。

培根有句名言"知识就是力量"，但培根还有另外一句名言："知识在书本之中，运用知识的智慧却在书本之外。"

所以除书本知识的教学之外，我们还要通过丰富的课程，让学生学习各种社会常识和规范，让学生明白更多事理，懂得更多做人的道理。

授人以鱼，不如授人以渔。"为了不教"的教，才是最有效的教；不拘泥于"一时的学"，而让学生养成终身受用的自主学习的习惯和能力，才是真正的学。

线上教学应该下功夫致力于学生学习能力的培养，帮助学生掌握学习方法，获得更多的求知手段和技能。

在"学会做事"上，我们可以通过开设网络劳动课程，强化劳动教育，劳动教育是最好的德育。

劳动让孩子在身、心、灵三个维度上去深刻学习和体验，对孩子品格的发展和核心素养的形成，作用巨大。不仅能让学生学会做家务，养成爱劳动的习惯，而且能够培养学生的动手能力、应变能力、创新创造能力乃至生涯规划能力。

围绕"学会共同生活"，结合学生抗疫居家的现实，我们可以设计相关课程，营建真实的教育"场"和生活"景"，教会学生尊重他人，懂得分享与合作，学会与家人、与他人、与环境、与大自然和谐相处。

这次突发新冠疫情，每一个人都置身其中，都感同身受。在灾难面前，一个共同的感受和体会就是生命的宝贵。

让学生"学会生存"，我们完全可以依据这次疫情，设计鲜活的生命教育课程，通过生命教育，不仅让学生懂得爱惜身体，热爱生命，而且要让学生明白，要好好生存，必须具备过硬的生存本领，同时还要让他们能够心存敬畏，具有敬畏之心，树立敬畏生命、尊重生命最基本的价值观念。

三、学习方式运用，应由"集中学"转变为"分组学"

生成有效课堂，分组学习是一种很有效的学习方式。通过小组合作学习、讨论学习、探究学习，让每个学生都积极参与其中，调动学习的主动性和创造性，共同高效地完成学习任务。

线下学习如此，线上学习的特殊性决定了学习方式更应该化"集中"为"分散"，以小组为单位来学习。

分组课前预习、分组课中讨论学习、分组合作完成课后作业。如果在此基础上再开展一些小组间的学习竞赛、作业比赛、作品大赛，在学习中有交流，在讨论中有碰撞，在沟通中有默契，在合作中有竞争，这样更能收到好的效果。

可以说这样做，既给了每个学生学习的机会和权利，又赋予了他们应有的学习义务与责任，学生之间相互激励，团结协作，彼此帮助，不仅能够"黏"住学生，把注意力完全集中于学习，而且会使线上教学气氛更活跃、更浓厚，真正形成活泼高效的特色"线上课堂"。

四、教师角色扮演，应由"教师"转变为"教练"

教练的职责与使命，不是亲自上场，而是尽可能多地给予队员以组织、指导、点拨、启迪、沟通与激励。错了，让他去体会；对了，也让他去感悟。越是有问题，越应该放手，越是要让队员按自己的方式去思考，去实践。

《"学习的秘密"报告》中说："学习的秘密归根结底是自学。因为没有人能教会另一个人，如果你教了，他会了，不是因为你教了，而是因为他学了。这不是在否定教的作用，而是告诉我们教可以支持学、促进学，但永远无法决定学。这应该是学习最大的秘密。"

学生这段时间居家，离开教师和学校，其实仍然可以学习。学校和教师的作用，根本没有我们想象得那么强大。

但是我们不能据此否认学校和教师的作用。除了学校应该还给学生应有的成长空间和学习权利外，教师的角色应该由主体变为主导，由简单知识的传授者变为学生学习的指导者、学习内容的设计者、学习活动的组织者、学习困难的帮助者、学习疑惑的解答者、学习生活的陪伴者、学习兴趣的激发者以及学生自我管理的协助者、学生自主学习的见证者和学生精神世界的慰藉者。

重新审视和架构线上教学，在"变"中突围，在"变"中让线上教学从狭隘的知识教学和分数里走出来，线上教学便会呈现出一派生机和一片新天地。

第十四讲 绿色评价建构教育的绿色生态

一、被严重异化的教育生态

当下的教育评价方式唯分数是从，以分数论英雄。这种评价方式，制造了中国巨大的剧场效应。这种唯分数的单一的评价指挥棒逼着大家站着看，站在椅子上看，甚至站在桌子上看。最终看的内容都一样，而付出的身心成本却增大了很多。杨东平老师曾经质问，剧场的管理人员到什么地方去了？

剧场效应下谁的日子都不好过，都难脱干系，包括老师、学生、校长、教育局局长以及家长。

剧场效应加剧了社会的功利，社会的浮躁，家长的焦虑。

同时剧场效应让教育乱象丛生。行走于全国一些学校，你看，拉在校园里的横幅是什么？眼睛一睁，开始竞争；提高一分，干掉千人；只要学不死，就往死里学；死后自然长眠，生前何必多睡；晚上三点钟之前睡觉的考师大，晚上三点钟之后睡觉的考北大……这些雷人标语，会把教育带向何方？

我曾去一所高中，学校正在搞高三百日誓师，一千多个高三学生在那里宣誓，誓词里面有一句话，"我们是一群狼，是一群人挡杀人、佛挡杀佛的血狼。"我们培养的是合格公民吗？培养的是共产主义接班人吗？不是，我们培养的是狼，是血狼。这些声音汇聚起来，在空旷的操场上空回荡，是多么的血腥和恐怖！

到了另外一所学校，一些学生戴着红领巾，还有一部分学生戴着绿领巾。问其原委，校长振振有词："汤局长，我们成绩好的学生戴红领巾，成绩差的就戴绿领巾。"中国真是不缺创新人才。然而一个颜色的变化，却会给孩子的心灵埋下自卑的种子。

还有一所学校把学生考试名次印在校服上，虽然只是一个数字，却会给孩子的内心蒙上一片雾霾。

还有一所学校，放暑假前孩子是坐着吃饭，可开学以后，学生发现食堂里所有的桌凳都没有腿了，为什么呢？原来校长暑假的时候，找当地的木工师傅把桌凳的腿全锯掉了。校长认为，孩子坐着吃得舒坦舒心，会浪费时间，没有桌凳腿，只能站着吃饭，狼吞虎咽，节省时间。

有一所学校规定，学生冬天睡觉不准脱衣服。为什么呢？因为脱衣服需要时间，穿衣服需要时间，掀开被子需要时间，叠被子需要时间，所以孩子们标配一件大衣，都裹衣而睡。

一个两岁半的幼儿开始脱发、秃顶，为什么呢？妈妈给他报了

5个兴趣班和特长班。这个孩子被妈妈抱着奔波穿梭于各个兴趣班、特色班、补习班。孩子着急，压力大，睡不着觉呀！不能让孩子输在起跑线上，我认为这样下去，只能把孩子累死在起跑线上。

这就是当下唯一的评价方式给教育带来的乱象。

二、新时代的教育亟待回归

社会发展很快，教育发展也很快。不少教育人只知道匆匆上路，却不知道要到哪里去，也不知道为什么要出发，我们的教育已经迷失在喧嚣与功利的丛林中，甚至在反人性的路上走得很远，我们的教育需要回归。

很多专家也讲到，教育需要回归，需要回到本源，回归原点。怎样回归呢？

第一，教育需要回归朴素。我经常说，每个人走南闯北，吃尽天下各种美味，但是最难忘的，还是小的时候妈妈给我们做的一碗饭、一碗面条的味道；不管穿什么名牌衣服、品牌皮鞋，穿上最舒服的还是小的时候过年了，妈妈给我们纳的一双平底布鞋，缝制的一身纯棉衣服；我们每一个人这一生不管为名为利怎么去奔波、鼓捣、折腾，最后都会回归生命的原点，回到生命出发的地方。

这说明一个什么道理呢？说明这个世界上一切都是朴素的，朴素的东西最美，朴素的东西最持续，朴素的东西最有魅力。

朴素至上，朴素的教育最美，我们的教育需要回归朴素。

第二，教育需要回归宁静。教育是慢的艺术，是人的事业，教育是农业，不是工业，教育需要宁静，需要春风化雨，需要静等花开，需要不急不躁，需要每一个教育人拥有一颗朴素而宁静的教育心。

第三，教育需要回归常识。我们做教育并不需要高大上的理论支撑，我以为只需要遵循一些简单的道理、普通的常识、基本的认知，但我们很多教育人往往在常识面前常常不识。

比如，教育不能只有分数，应该看到人，关注人，体现人文，然而在许多地方却把学校办成了应试工厂，把教室作为应试车间，把孩子们当成了应试机器。

再如，我们的教育应该体现个性化，孔子在2500多年前就提倡因材施教，可是今天的教育仍然是大一统，统一的教材、统一的课时、统一的目标、统一的课表、统一的考试、统一的排队、统一的考核，最终把千姿百态的孩子教成了同一个孩子。

第四，教育需要回归本真。教育的本真是立德树人，培养合格的公民。而不是培养会做题的机器，会考试的工具。教育的本真就是让人成人，不仅仅是成才，让人成为他应该成为的那样的人，而不是把家长、老师没有实现的愿望和梦想，一股脑儿压在孩子瘦小的肩上，让孩子必须考清华、考北大、考重本。

怎样回归本真呢？陶行知先生的六大解放，说得很好：解放孩子的大脑、双眼、嘴巴、双手、时间、空间，这便是让教育回归本真的根本之举。

第五，教育需要回归人性。泰戈尔说，教育应当向人类传递生命的气息。教育需要闪耀人性的光辉，需要弥漫人性的光芒，需要培养孩子"面对一丛野菊花而怦然心动的情怀"。教育者眼中，应该有人，有人性，坚持人文关怀，人性关切，以人为本。

第六，教育需要回归自然。一方面应该做自然化的教育，开放课堂，让孩子们到大自然中去，到田间地头去。卢梭曾说，孩子们在15岁之前能够接受自然化的教育，对孩子天性的呵护、习惯的养成、品格的形成都有好处。

另一方面就是教育不能拔苗助长，杀鸡取卵，我们对待孩子就像老农对待禾苗庄稼一样，提供适宜的土壤、水分、养分、阳光、空气，激发孩子的生命内生力，让孩子按照自然规律，自然而然地生长。

第七，教育需要回归生活。陶行知先生的生活即教育，就是依据生活进行教育，立足生活进行教育，为孩子未来幸福生活做准备而进行教育。

当下的教育最大的问题是远离生活，去生活化，培养出的人缺乏生活能力，不能适应生活，不能面对未来的人生。当然，也创造不出美好的生活，享受不到幸福的生活。

三、构建绿色评价，让教育回家

2017年长江文艺出版社出了我的书《致教育》，这本书被《中国教育报》评为"2017年度教师喜爱的100本书"。书的副标题是"不忘初心，让教育回家"。"让教育回家"，也是我这些年对教育的一个主张。

我们一些地方的教育在反教育的路上走得很远，教育需要回家，需要回到那个充满温馨、弥漫着温情的家园。怎样回家呢？有一句话，给我一个支点，我可以撬动整个地球。我们要修复和改变教育生态，这个支点就是评价。

评价很重要。我们需要什么，就去评价什么。有什么样的评价，就有什么样的教育。

现在的评价方式是考试，考试不可或缺，考试可以调控教师教和学生学的过程与状态。但是考试不能考出一切，很多东西是不能从考试当中考到的。

我认为当下教育最大的问题，就是评价标准单一化，评价内容外在化，评价方式"一刀切"，评价结果"一好百好""一好遮百丑"。

我还认为当下教育盘根错节、根深蒂固的所有问题，都是评价的问题，都是评价的导向与教育发展不适应的问题。

2020年9月，党中央、国务院出台了《深化新时代教育评价改革总体方案》。这样一个《总体方案》，我认真做了学习，也写了文章，里面有很多关于教育评价的新理念、新思路、新方案。

而且，这个《总体方案》同时提出了改进结果评价、强化过程评价、探索增值评价、健全综合评价四个评价维度，这是我们第一次系统制定出的教育评价框架，具有划时代的意义。

我认为要落实这个方案，教育评价改革是一次真正意义上的教育变革，变革是否成功，决定着教育生态的纠偏、恢复和重建。

当务之急，就是要建立多样性和多元化的评价体系，从根本上破除"唯分数、唯升学、唯论文、唯文凭、唯帽子"的问题，也避免千人一面、千校一面的局面。

我在四川阆中做了12年的教育局局长，这个时间应该比较长了，在全国当十几年教育局局长的并不多。十多年来，我探索出了一些朴素简单的评价方式。

在对学校的总体评价上，判断一所学校生态好不好，我有一个尺度，就是到一所学校，站在校门口一望，或者在校园里面转上一圈。如果能够让你眼前一亮，内心一震，我以为，这所学校一定是好学校。

我到学校，一般不听汇报。我经常说，有些校长不会做，但会讲，讲的也许比我还好，所以我要看。到了学校，我首先看"两神"，也就是看老师的精神和孩子的眼神，老师精神好，精神振作，精神抖擞，孩子的眼神有光、有诗意、温馨灵动，这个地方做的就是素质教育。反之，搞的就是应试教育。其次看"两个地方"，一是学校的食堂，二是学校的厕所。一个校长连这两个地方都管不好，他能管好教育吗？能带好队伍吗？能办好学校吗？

在对学生的学业评价上，小学三年级以下取消纸质考试。因为现在很多地方学前教育、幼儿教育小学化。而我在阆中一直主张，我们的学前教育、幼儿教育不但不能小学化，小学教育特别是小学低段还要幼儿化、学前化。

小学教育必须给孩子们营造一种童话般的世界，让孩子在这个世界里尽情玩耍、尽情游戏，读故事、读绘本、读童话，呵护他们的想象，开启他们的心智，帮助他们养成一个好的习惯。

小学三年级以下不进行纸质考试，我们重在考核和考查。给孩子营建一些场景，考核他们对知识的简单认知，重点考查他们的行为习惯、天性呵护、合作能力等。

小学三年级以上考试，纸质考试占50%，另外50%由5个10%组成。一是孩子们的品德操守，10分，通过孩子们自评、互评、老师评、班主任评、校长评，生成一个分值送到教育局基教股；二是孩子体能测试，按照教育部的标准，选择相应项目测试，10分；三是孩子的动手能力，小学科学课的实验，初中、高中物理、化学、生物课的实验，孩子们的小发明、小创造、科技小制作，10分；四是艺术课，包括美术、书法、音乐等课程的学习考核，10分；五是孩子们的个性、天赋展示，城市学校的孩子如果会弹钢琴，就给评委老师弹钢琴，会拉二胡就拉二胡。农村孩子如果不会这些，他会滚铁环，会跳绳，会打陀螺，会什么就给评委展示什么，有什么特长，就给大家亮一亮，露一手，也是10分。

然后把综合成绩向社会、老师、家长、学生发布，我们认为这才是一个良性成绩、放心成绩。这个评价杠杆，能够促进学生的全面发展，能够撬动一所学校、一个区域教育生态的修复和改变。

让学生因我们的绿色评价而快乐阳光，让老师因为我们的绿色评价而自尊幸福，让教育因我们的绿色评价而充满活力，让教育因我们的绿色评价而更加美好。

第十五讲 中华传统文化便是最好的德育

中华传统文化是中国人的共同文化基因和精神密码，是中国人拥有的巨大精神财富。它凝聚着中华民族的卓越智慧和不朽灵魂。几千年来，这些优秀传统文化就像母亲河一样，不仅养育了灿烂的华夏儿女，而且赋予我们这个民族从远古走向未来，从弱小走向强大，生生不息、不断前进、永不枯竭的精神动力。

作为传统文化，尽管被日常生活所销蚀，被政治经济所冲击，被芸芸众生所忽视，但不管风雨怎样摧折，花叶怎样凋零，岁月怎样沧桑，历史怎样变迁，传统文化仍然枝繁叶茂，在中华儿女心中已经潜移默化。

教育最根本的任务是发展人，是完善人的人格；教育最基本的使命是立德树人，以德服人。蔡元培为此曾有论述，他说："教育是帮助被教育的人，给他能发展自己的能力，完成他的人格，于人类文化上能尽一分子的责任，不是把被教育的人造成一种特别器具，给抱有他种目的的人去应用的。"

然而，当下的教育却把被教育人要么当成一种工具，要么作为教育工业化生产链条上一种批量产出的器具。教育的逻辑起点是人，人是教育的最高目的，也是最终目标，教育的一切都是为了人的个性张扬，为了人的身心愉悦，为了人的才智释放，为了一个人最基本的人格的健全，最基本的品质的形成，最基本的道德的涵养。

遗憾的是，教育的功利，还有教育人所"抱有他种目的"，而忽视了人，忽视了人的存在，忽视了人的品行修养。教育中见"物"不见"人"，见"分数"不见"人"的现象比比皆是。

作为教育人，如何引导学生亲近传统文化，如何让中华传统文化进校园、进课堂、进教材，进入孩子的世界，如何挖掘并利用中华传统文化的潜在育人价值，让中华美德、人文精神、核心素养在学生生命中扎根和灵魂深处"安家"，如何把中华传统文化作为最好的德育载体，让学生在中华传统文化的浸润中，使他们成为应该成为的那样的人，确实值得考量与研究。

我以为，应该从以下几个方面着手。

一、在校园文化建设中融入中华传统文化

校园文化是校园的DNA，是校园的灵魂，一个校园什么都可以没有，但不能没有文化，一个温馨并富有活力的校园一定是具有浓

郁文化的校园，一个具有浓郁文化的校园如果其间能飘逸并蕴含中华传统文化的一些因子，则更是一个有内涵、有品位的校园，一个优雅温润，富有诗意和活力的校园。

因此，校园文化建设应该重视中华优秀传统文化与校园文化之间的积极融合，应该努力实现优秀传统文化与校园文化的有机结合，让校园文化渗透中华优秀传统文化的基因，烙上中华优秀传统文化的符号；让校园时时处处都弥漫着中华优秀传统文化的味道，飘逸着中华优秀传统文化的芬芳；让师生置身其中，耳濡目染；让传统文化渐渐成为师生们的一种记忆、一种认同、一种情怀、一种挥之不去的精神密码。

二、系统研发中华传统文化教育课程

开展中华传统文化教育，不是请几个人做几次讲座、办两场活动就行，也不是一阵跟风、走走形式，如果要持之以恒，卓有成效地坚持下去，就必须研发出相应的中华传统文化教育课程。中华传统文化底蕴深厚、博大精深、浩瀚无穷，像古文诗词、名作经典、古典音乐、古代服饰，也包括传统节日、传统礼仪、传统礼节等等，只有充分整理，系统开发，将其固化为课程，成为教学内容，才有持续开展教育的前提，才能真正走进课堂、走近孩子。

乡土文化和地方传统文化，其中也不乏瑰宝，正是乡土文化、地域文化的独特之处，才构成了中华传统文化的多样性、丰富性。对它们进行挖掘，让其作为传统文化课程的一部分，这也是对乡土文化、地方传统文化的一种传承与保护。

历史文化长河源远流长，优秀传统文化就像一颗颗珍珠，遗留在岁月的河底。全国政协委员、作家冯骥才认为，传统存在于生活中，每个人都是传统的携带者，要焕发传统文化的精华，不要把所有文化都变成教材，全都拿到课堂上去。法国学者涂尔干在谈到欧洲教育思想和教育体系时也说，"教育本身不过是对成熟的思想文化的一种选编"。因而对传统文化不能良莠不分，好坏不辨，一味"拿来"，应该有甄别、有判断、有选择，去伪存真，去粗取精，让中华传统文化中那些最优秀、最精华的东西成为教育的内容，成为学生成长的精神食粮，"将打捞起的珍珠编织为美丽的项链"，成为传承给后人的真正财富。

三、把中华传统文化教育贯穿于教育的始终

教育离不开学校教育，更离不开家庭教育和社会教育，其他教育如此，进行中华传统文化教育亦然。

对于学校教育，应该把中华传统文化教育贯穿于学校文化学科教育、思想品德教育、体育健康教育、劳动生产教育、艺术鉴赏教育、社会实践教育等各个环节，贯穿于学前教育、基础教育、职业

教育、高等教育、继续教育等各个领域。

对于家庭教育，同样应该渗透在家庭生活的各个方面。家长应该提升对中华传统文化教育的认识，在此基础上，培养孩子对中华传统文化的兴趣。家长可以通过讲故事，让孩子感受到中华传统文化的生动活泼有趣；可以与孩子一起共诵经典，让孩子体会到中华传统文化的博大精深；可以为孩子播放一些传统文化经典光盘，让孩子在愉快的学习中接受传统文化教育；可以给孩子创设一些情境，增添孩子对传统文化的感性认识……

传统文化所弘扬的一些精神和道义，家长的示范效应很重要。家长所做的如果与之吻合，这些传统文化就会入脑入心，学以致用。如果家长说一套，做的可能是另外一套，言行不一，背道而驰，就不要指望孩子感其言，信其真，见其行。

对于社会教育，则应该充分发挥报纸、杂志、广播、电视、网络等各种媒体的作用，营造学习并弘扬中华传统文化教育的良好氛围。充分利用图书馆、文化馆、博物馆、艺术馆、美术馆、影剧院、音乐厅等公共文化设施，让孩子接受中华传统文化的洗礼。同时，让孩子走进"非遗"，走入"双遗"，让他们亲身参加重大节庆、重大礼仪活动，在体验中化外为内，让孩子把心灵之根深深扎在中华传统文化的沃土里。

四、充分挖掘中华传统文化中的人文价值

中华传统文化教育,包括生活中的各种知识,以及礼仪、礼节、服饰等层面内容的认知与掌握,虽必不可少,但它不是最核心的内容。在进行中华传统文化教育时,必然有一些活动的载体,但如果只追求形式上的铺排,活动的"高大上",比如,有的学校举办成人礼、毕业礼,上千名学生在操场上三跪九叩;有的地方办诵读活动,孩子们穿着汉服,规模宏大,整齐划一,摇头晃脑,而不知其义……如若传统文化教育仅仅流于这些形式,仅是为了传统文化教育而传统文化教育,而不是从文本到课堂,从课堂到人生,从人生到社会,环环相扣,循循善诱,普及开来;不是从文化的传承与反思中汲取智慧,重提教育价值,重塑价值观,重构精神信仰,重建人文情怀,培养学生做一个正直的人,那么这样的传统文化教育是没有生命力的,甚至可能适得其反。

正如教育部原部长陈宝生所言:"优秀传统文化里面,包含中国人怎样看待世界,怎样看待生命,包含着中国人的世界观、人生观、价值观,有着非常丰富的资源,阐述得很系统。如果不能把这些继承下去,在教育过程中让我们的学生了解、继承,他们的人生会发生什么呢?就会发生方向的偏离。"

五、注重对学生传统文化素质的综合评价

大家还记得《中国诗词大会》中那个表现非凡的复旦大学附属中学高一学生武亦姝吗，当她获得冠军和"古典才女"的美誉，人们纷纷为其点赞时，她的语文老师却说："我们是在应试教育的夹缝中传承传统文化。"古诗文固然很美，学生也很喜欢，但是于升学考试无用，当要求学生背古诗文时，不少学生和家长跑去找他理论，不考还学什么？凭什么让我们背那么多的古诗文？在许多学校，不只古诗文命运如此，凡涉及传统文化教育皆如此，但凡与考试关系不大的非考试内容，大多难逃此厄运！

要深入、持久、有效地推进中华传统文化教育，必须将其纳入从小学、中学到大学的考试体系中，让传统文化教育与考试相结合。只有先让学生对此重视，并作为知识记住，在学习过程中潜移默化，才能逐渐涵养并内化为自己的价值观和人格。

当然，学生对传统文化的体验、感知，又是很难通过考试考出来的，即使能考出来，但仅是应付考试的传统文化教育更会偏离初衷。因此，应该结合招生制度改革，变考试为学生的综合素质评价，把学生的传统文化素养作为综合素质评价的一个重要内容，依据学生对传统文化的认知，在课外活动、社团活动、实践活动中的表现，以及人文素养与操守表现几方面的情况，做出综合而全面的评价，进而引领学生多感悟优秀的传统文化，多学习优秀的传统文

化，让学生都做一个承继传统的人，都成为一个有根的中国人。

　　我想，只要做到了这几个方面，一旦中华传统文化邂逅教育，就会"随风潜入夜，润物细无声"，就会让中华传统文化融入学生的血液里，中华传统文化便随之成为最好的德育。

第十六讲 劳动教育与学生品格和关键能力的发展

中共中央、国务院颁发的《关于深化教育教学改革全面提高义务教育质量的意见》，提出"五育"并举，劳动教育成为"五育"之一，将劳动教育纳入全面培养的教育体系，而不像过去那样仅仅是一项简单的活动。

一、教育被窄化成只有智育的教育

当下教育，差不多都是把孩子当成接受知识的容器，对他们强行灌输知识，通过拼时间、拼身体、拼生命去获取分数，应试似乎成了教育的唯一属性，教育被窄化成只有智育的教育。

立德树人是教育的根本任务，却往往因"教书"而忽视"育人"，体育、艺术教育作为孩子身体成长与精神发育的重要支撑，也常常因一时半会儿无助于分数的提升，被视为可有可无。

对于劳动教育更是完全缺位。主要表现在：

一是疏远劳动。有资料显示，美国小学生平均每天的劳动时间为 1.2 小时，韩国为 0.7 小时，而中国小学生平均每天的劳动时间只有 12 分钟。中国孩子不仅参加劳动时间少，而且接受劳动教育的时间更少。很多学校虽然开设了劳动教育课，但是不少学校迫于应试的压力，一切为应试让路，劳动教育课要么被视为"豆芽科"，要么被语文、数学所代替。

二是鄙视劳动。当下对劳动教育的不重视，让一些学生不仅轻视劳动，而且还看不起劳动，更看不起劳动者。一个不懂得劳动的人，就很难尊重劳动者，也很难体会到生活的不易。在他们踏入社会以后，要么不尊重环卫工、外卖小哥、小摊贩，动辄引发矛盾和冲突；要么变得好逸恶劳，既想过好日子，又不想付出劳动，最后可能碌碌无为，一事无成。

三是有教无劳。一些学校出于安全因素的考虑，以课代劳，用讲的方式代替了实际动手操作。学生摇头晃脑吟诵的"谁知盘中餐，粒粒皆辛苦""晨兴理荒秽，带月荷锄归"，算是所接受的一种最现实的课堂版劳动教育。他们在作文课上写"记一次有意义的劳动"，因从未参加过劳动而不得不编造杜撰，这也算是他们所经历的最具讽刺意味的"精神性"劳动之旅。

四是有劳无教。为劳动而劳动，劳动也仅仅是作秀，走形式，劳动与教育完全脱节，劳动失去了应有的教育意义。

五是以劳代罚。一旦有学生违纪，或者没交作业、考试排名靠后，有的学校和老师便罚学生打扫卫生、擦洗门窗，将劳动作为惩罚学生的工具，长此以往，学生更加畏惧劳动。

只有智育的教育只能培养出一个又一个巨婴，一个个"精致的利己主义者"，一个个"手不能提篮，肩不能担担""四体不勤，五谷不分""衣来伸手，饭来张口"的书呆子。

二、教育的意义在哪里？

我常常在思考，教育的真正意义在哪里？教育绝不是为了考一所好大学，学一个好专业，找一份好工作，将来过上锦衣玉食的生活，也绝不是为了考一个高分数，为老师争面子，为学校赢得声誉和掌声，而在于提升人的素养，促进人的全面发展。

我们所教的孩子，能成为精英的毕竟很少，绝大多数都会像我们一样，成为普通劳动者。教育的使命就是培养合格公民，培养全面发展的有用人才。

教育能够给人以基本的素养，能够促进人的全面发展，即便成绩很差，是考试的失败者，哪怕今后上不了好大学，如果在我们的学校，从小能够接受全面发展的教育，包括接受应有的劳动教育，他今后至少能够成为一个合格的自食其力的劳动者，他同样能够自信满满地适应生活，面对未来。

相对于那些考高分、读名校的学生，如果连自己的生活都不能自理，不会做饭，不会洗衣，不会剥煮熟的鸡蛋壳，不会拿扫帚扫地，不会铺床，甚至连系鞋带都不会，48岁读博，还要80多岁的老母亲照顾。这样的教育，又有什么意义呢？这样的学生，又有什么用呢？

三、劳动教育能促进学生品格和关键能力的发展

劳动并非一味地艰辛，它是人与世界的充分接触，参与劳动不仅能把世界装进脑袋里，而且能把这个世界装在身体里。劳动教育不仅能够促进人的人格发展，而且能够培养和发展人的关键能力。

马卡连柯说："劳动教育最大的益处在于人的道德上和精神上的发展。"

一方面劳动教育能够促进学生品格和关键能力的持续发展。没有劳动，就没有人类，就没有人类社会发展。人类社会的发展史，就是一部劳动史。有教育就有劳动，有劳动就有劳动教育。劳动教育关乎人一辈子的教育、终身的教育，而不是一时半会儿的教育。劳动教育贯穿并伴随于人的品格和关键能力的形成、发展和完善的全过程。

另一方面劳动教育能够促进学生品格和关键能力的多元发展。通过加强劳动教育，不仅能够让学生掌握劳动知识，学会劳动技

能，而且还能够帮助他们树立劳动观念，端正劳动态度，养成良好的劳动习惯，更重要的是能够培育他们的劳动品质，塑造他们的劳动思维，增进他们与劳动大众的情感。

同时劳动教育能够促进学生品格和关键能力的融通发展。劳动教育具有强大的关联与融通性，"劳育"能够带动并有助于其他"四育"。在劳动中，能够让学生体验生活的意义，磨炼顽强的意志，涵养他们吃苦耐劳的精神，因而能"树德"；劳动能够培养学生的生活自理能力、动手能力、创造能力，还能提升他们发现问题、解决问题的能力，因而能"益智"；通过劳动可以活动肢体，愉悦身心，强身壮骨，强健体魄，因而能"健体"；孩子们在参与劳动的过程中能感知劳动的美、创造劳动的美、品味劳动的美，提高他们欣赏美和鉴赏美的能力，因而能"向美"。

除此以外，劳动教育能够促进学生品格和关键能力的深刻发展。劳动教育的意义，是让学生用身体去丈量世界。劳动教育给学生带来的学习与认知，不是单向的着力，而是让学生在身、心、灵三个维度上去体验和强化，因而劳动教育对学生品格和关键能力的发展影响深刻。卢梭在《爱弥尔》中说："一个小时劳动教育给他的，比终日向他讲述所记住的东西还要多。"

四、我对劳动教育的理解

1. 劳动教育是最好的生活教育

陶行知先生极力主张生活教育，他认为远离生活的教育不是真教育，不是好教育，"到处是生活即到处是教育，整个的社会是生活的场所，亦即教育之场所"。他的生活教育理论坚持手脑并用，"教学做合一"，与他的关于教育与生产劳动相结合有着异曲同工之妙。

孩子在劳动中贴近生活，体验生活，收获一些生活技能，获得一些生活的情趣，培养一种现代新生活的态度与方式，这样的一个过程，既接受了劳动教育，又对他们进行了鲜活的生活教育。而且从劳动教育中所涵养的一切，既能让他们自信地面对当下的学习与生活，又能够让他们有能力、有勇气开启今后的幸福生活和未来的美好人生。

2. 劳动教育不完全等同于劳动

劳动教育，顾名思义就是围绕劳动这一主题和形式来开展的教育活动，当然离不开劳动，但绝不能将劳动教育简单地理解成或者等同于一般意义上的劳动，而忽视其教育的功能与内涵。劳动，其实可以用更多的词汇来描述它，如动手、做事、操作、体验、实践等。

对学生劳动教育的"劳动"，也不同于工人、农民的劳动，劳动是一种教育的手段和载体，而不是目的，其最终目的是通过劳动达到劳动教育的目的。

3. 劳动也不仅是洗衣、做饭、打扫卫生

劳动教育中的"劳动",不能简单理解为洗衣、做饭、打扫卫生。这些虽属于劳动的应有之义,然而不是全部。

孩子除了参加必要的、适合他年龄特征的体力劳动,比如干一些家务活,农村孩子帮父母到田间地头参加适度的劳作等体力劳动。孩子还可以参加社会综合实践,进行实训操作,进行小发明、小创造、科技制作……也是劳动。孩子们玩游戏、动脑思考问题,同样是劳动,只不过这是脑力劳动。

劳动本身是多样性的,对孩子们进行劳动教育的手段与方式,也应该是多种多样的,不应该简单化和"一刀切"。

4. 越是人工智能,越要进行劳动教育

人工智能时代已经来临,有人以为随着人工智能时代的到来,先进的智能机器人将取代人类劳动,便不再需要培养孩子的劳动意识和能力了。

殊不知,越是人工智能,越要进行劳动教育。正如大数据可以统计希拉里得了多少票,但却无法决定谁为希拉里投票;阿尔法狗可以战胜所有的围棋选手,但却无法创造围棋一样。人工智能尽管可以代替人类从事一些简单劳动,但却永远无法传递劳动价值和劳动情感,更无法对劳动赋予一种意义。

通过劳动教育，只有知晓劳动的价值，体现劳动的情感，弘扬一种劳动的精神，才能够有底气地步入人工智能时代，也才不会被这个时代所淘汰。

五、劳动教育的实施与推进策略

1. 观念胜于一切

陶行知先生向来主张在劳力上劳心，他说："唯独贯彻在劳力上劳心的教育，才能造就在劳力上劳心的人类；也唯独在劳力上劳心的人类，才能征服自然势力，创造大同社会。"

陶行知先生还主张"过什么生活便受什么教育"，提倡过五种生活，其中就有"过劳动的生活"。他说"过劳动的生活便是受劳动的教育"。

陶行知把"会烧饭菜""会种园""会修理"等列入了16种常能之中。当年晓庄师范就提出过："不会种菜，不算学生""不会烧菜，不得毕业"的口号。1931年，他在《手脑相长歌》中写道："人生两个宝，双手与大脑。用脑不用手，快要被打倒。""手脑都会用，才算是开天辟地的大好佬。"

劳动教育要真正回归，仅凭一个文件是不行的。作为教育人还必须以应有的使命和担当，坚守教育良知，通过对陶行知先生的劳动教育思想进行系统性的学习、领会与吸收，切实转变我们的教育观念。有什么样的教育观念，就有什么样的教育行为。

当务之急应该花大力气冲破当前应试教育的束缚，把由单一传授知识的教育观，转变为多种能力培养的综合发展观，将培养学生的目标由只重视成绩分数转变为学习与劳动相结合。特别是把劳动教育列入议事日程，进一步明确劳动教育是实施素质教育的基本措施之一，也是学校教育的一个重要组成部分。

如果我们的教育观念不转变，如果分数和成绩仍是教育的全部，劳动教育被弱化、淡化甚至被边缘化便是一种必然。

2. 激发劳动需求比什么都重要

马斯洛的需要层次论告诉我们，人的行为是受意识支配的，人的行为是有目的性和创造性的，人的动机是由人的需求决定的。

现在学生怕苦、怕累，厌恶劳动，关键是对劳动的目的性认识不清。我们应通过班会、团队会以及德育主题活动，对学生进行劳动专题教育，让他们明白"纸上得来终觉浅，绝知此事要躬行"的道理，懂得劳动是与世界的亲密接触，是锻炼意志品质通途的道理，从而激发学生劳动的需要心理，以达到自觉接受劳动教育的效果。

现在劳动教育不被重视，是因为劳动教育没有被纳入评价体系。评价很重要，我们需要什么，就去评价什么，有什么样的评价就有什么样的教育。

改变对学校、教师、学生的评价方式，将是否进行劳动教育、是否热爱劳动、劳动的最终成效纳入评价范围，计入评价体系之中。这样，学校和教师才会重视劳动教育，学生才会有时间、有动力参加劳动并自觉接受劳动教育。

3. 有什么样的课程，就有什么样的劳动教育

除了在其他学科中融入劳动教育外，比如在德育、语文、历史等学科教学中渗透劳动观念、劳动精神与劳动态度，在物理、化学、生物等学科教学中注重对动手操作、劳动技能和职业技能的提升，在其他学科教学和相关教育活动中也应有机融合劳动教育的元素和基因。

更为重要的是，必须着力强化对劳动教育课程的构建。劳动课不能太随意，也不能太盲目，当然更不能形同虚设，成为摆设。只有将劳动教育固化为课程，才能有的放矢，增强劳动教育的针对性和实效性。

劳动教育课程当然也不能漫无边际，随性而为，一定要因校因地制宜，结合实际情况，构建适合适用的地方课程和校本课程。比如研发并开设家政、泥塑、木雕、陶瓷、烹饪、种养殖、花卉、园艺、非物质文化遗产等相关课程，这样既可以把劳动教育课程化，又可以帮助学生掌握必要的劳动技能，还能够加深学生对家乡风土人情的了解，以及对地方文化和传统工艺的弘扬和传承，更能够对

学生进行"根性"教育,让他们能够留得下乡音,记得住乡愁。

4. 劳动教育必须在劳动中进行

任何脱离具体劳动的劳动教育都是纸上谈兵。加强自我服务劳动、班务校务劳动、家务劳动、社会公益劳动,才能真正使劳动教育落到实处。

自我服务劳动是最基础、最日常的劳动。劳动教育都是从自我服务开始,学生在自我服务的劳动过程中,才能感受到生活中的很多乐趣,也才能感悟到劳动带来的喜悦和幸福。

班务校务劳动是丰富学生精神世界的食粮,是他们从个体走向群体、个人走向社会的前提,也是健康快乐成长的基础。班务校务劳动,可以建校园劳动实践基地,办"开心农场",搞校园种植,让班级、学生认领"责任田";也可以进行手工制作、电器维修、美化校园等校内实践活动。

这些年,很多农村学校都有自己的学农基地,要么是利用校园闲置空地,要么是租赁农户土地。城区学校没有现成的土地,有的就利用楼房楼顶开发成学农园地,有的还利用竹框、木框之类的东西填上土开发种植园。别小看这些学农基地、学农园地,它既让劳动教育有一个抓手,有一个载体,又给孩子们提供了一个场所,一个实践的平台,一种强烈的角色意识。

在实践基地和学农园地,孩子们陪伴着自己栽培的作物,一同生长，一天天长大，似乎还听到了生命的滋滋拔节。在这样的一个过程中，他们作为劳动的主人，既收获到了劳动知识，又享受到了劳动的快乐，还会收获到自己亲手劳动的果实。

家务劳动是孩子展现自我的一种途径。福禄贝尔说："家庭里的共同劳动和家庭成员之间的相互帮助，是家庭共同生活的基础。"让孩子参与适当的家务劳动，承担相应的家务活，让孩子在做家务过程中体会到父母的不易。家务劳动不应该由学校布置或考核，而应该主要由家长引导和安排。

社会公益劳动是一种更加强调精神领域的教育，对学生的精神成长起着重要的作用。社会公益劳动范围很广，植树造林、环境保护、服务社区、弱势救助、募捐义举、照顾病残儿童等，都属于社会公益劳动的范围。

5. 最好的劳动教育是教师的身体力行

孔子说："力行近乎仁。"西汉董仲舒："善为师者，既美其道，有慎其行。"

陶行知的劳动教育思想，不仅主张学生要劳动，而且特别强调老师更需要劳动。他以为，教师的劳动是最好的示范，是最好的劳动教育。师生共同劳动，方能达到劳动教育的目的。

陶行知回国办晓庄师范，他脱掉长袍，穿上草鞋，和学生一起开荒种地，担水挑粪，实乃为以身立教的楷模。

教师身体力行，榜样垂范，与学生一起参加劳动，既在劳动中相互了解，构建良好的师生关系，又让师生在共同的劳动洗礼中成长与提升。

现在的年轻教师，大多都是独生子女，过去基本接受的是应试教育，在家里被呵护被疼爱着，很少参加劳动，在学校里一切为了分数，也没有机会接受劳动教育。老师主动参与劳动，与学生一起劳动，在劳动中接受劳动教育，补上劳动教育这一课，既是校园里最靓丽的风景，也是最真切的劳动教育，更是最好的教育。

应试教育或许不是一朝一夕能够改变的，我们需要做的就是把劳动教育作为一种调节，一种放松，不失时机地融于其中，让劳动教育使孩子生命的成长方式美好一些，让劳动教育使教育变得更加美好一些。

毕竟，劳动教育给学生带去的，是可以伴随他们一生并且获益终身的东西。

第十七讲 构建教育高质量发展体系

党的十九届五中全会提出，建设高质量教育体系。"十四五"时期，我国教育进入高质量发展阶段。

一、教育高质量发展的体现

我们说到教育高质量的发展，首先必须弄清楚教育高质量发展究竟体现在哪些方面。如果连教育高质量发展体现在哪里、落脚点在什么地方，都没有把握住，怎么可能会有教育的高质量发展呢？

我认为，教育的高质量发展应该体现在以下几个方面。

1. 教育的高质量发展应该体现为绿色的质量发展。这种绿色的质量发展应该是环保的、生态的、低碳的、可持续的，是能够对孩子终身负责的。

2. 教育的高质量发展应该体现为全面的质量发展。也就是说，这种质量发展，既能让学生学到相应的科学文化知识，获得应该有的分数，又能让学生拥有善良的品质、健全的人格、顽强的毅力、高尚的情操、良好的习惯、阳光的心态、健康的体魄、多方面的技能。

3. 教育的高质量发展应该体现为全体的质量发展。这种全体的质量发展，能够体现有教无类、不分贵贱、不论优劣、不讲好坏，本着因人而异，因材施教，不让一个学生掉队，即使是"慢慢来""等一等"，哪怕是牵着一只蜗牛去散步，都会让每一个生命有枝可依，让每一个孩子成为他应该成为的人。

4. 教育的高质量发展应该体现为和谐的质量发展。五育并举，融合育人。并不是说让每个学生在德、智、体、美、劳五个方面都得到平均发展，整齐划一的发展，当然能够做到这种局面，肯定是好事，但事实上不可能。我们虽然做不到平均发展，整齐划一的发展，但是我们完全可以做到协调发展、平衡发展、个性化发展。这种协调发展、平衡发展、个性化发展，就是一种和谐发展。

5. 教育的高质量发展应该体现为健康的质量发展。我们的一切教育教学行为，应该体现在对学生个体生命的尊重上，应该体现在对他们的人文关切、人性关照、人本关爱上，应该体现在良好的师生关系的创设与构建上，应该体现在对教育规律和学生身心发展规律的捍卫与遵循上。

6. 教育的高质量发展应该体现为辩证的质量发展。教育要辩证的质量发展，就应该处理好今天的质量与明天的质量、当下的质量与未来的质量、表象的质量与隐形的质量的辩证关系。也就是说，教育的辩证质量应该坚持君子爱分，取之有道；应该坚持戴着镣铐也要跳出优美的舞蹈；应该坚持既让学生赢得九年、十二年之后的中考、高考，又让学生底气十足、信心满满地赢得未来人生大考。

7. 教育的高质量发展应该体现为公平的质量发展。国务院总理李克强作政府工作报告时提出，发展更加公平更高质量的教育。尽管把"更加公平"与"更高质量"并列递进，平行而语，但"更高质量"的教育本身，就包含着教育的公平，没有教育的公平，就没有教育的高质量发展。"发展更加公平与更高质量的教育"，其实旨在凸显教育的公平属性。教育的公平，包括接受教育的机会公平、条件公平、过程公平和结果公平。

8. 教育的高质量发展应该体现为整体的质量发展。这种整体的质量发展，不仅是中考、高考质量的发展，还包括各年级、各学段的质量发展；不仅是基础教育的质量发展，还包括幼儿教育、学前教育、职业教育、特殊教育、高等教育的质量发展；不仅是学生成长质量的发展，还包括教师发展质量的发展、学校管理质量的发展、队伍建设质量的发展、后勤保障质量的发展、校园文化建设质量的发展等等。

这些，其实既是我对教育质量的理解与主张，也是我对教育高质量发展的定位与主导，更是我对教育高质量发展的一种探索与追寻。

二、制约教育高质量发展的因素

我认为，制约教育高质量发展的因素有以下几个方面：

1. 评价的单一，唯分数是从，以分数论英雄，用分数看成败，一考定终身。质量被异化成只有分数的质量，教育被异化成只有应试的教育，分数成了教育的命根子，应试成了教育的唯一属性。

2. 教育的剧场效应带来社会的喧嚣浮躁，教育极其功利，家长极度焦虑，学校压力沉重。大家其实都明白，但都心照不宣，剧场效应下谁的日子都不好过，但是谁都不敢停下，谁停下谁吃亏。

3. 教师的因素。当下形形色色的形式主义，让教师不堪重负，加之一些地方尊师重教风尚的淡化，来自方方面面对教师的不理解，特别是社会层面和媒体往往会抓住个别教师的问题不断放大、炒作、声讨，中小学教师的责任从"有限"走向"无限"，他们的思想压力越来越大，精神包袱越来越沉重，最终让不少教师过早地产生了职业倦怠，没有享受到教师职业应有的神圣和幸福，慢慢地便失去了进取和成长的动能。

4. 教师的专业素养参差不齐，一些教师本来就缺乏教育高质量发展相应的专业保障。进取和成长动能的失去，又让这些教师更难获得这种专业支撑的保障。教育要高质量发展，离不开教师，更离不开教师的发展。从教师发展入手，破解教育高质量发展的瓶颈，乃大势所趋，刀刃之力！

三、教育高质量发展，关键在教师

教育要高质量发展，离不开教师，更离不开教师的发展。教师承担着如此重任，那么我们能够为教师，为教师的发展做些什么呢？

1. 思想引领前行，让教师具有使命感

一个人最可怕的是只有生命，而没有使命。而让教师具有使命感的一个重要方面，就是用思想引领教师的思想，用主张引领教师的主张，用使命引领教师的使命。

第一，职业引领。校长应通过对教师职业的定位，挖掘教师职业的真正内涵，让教师认识到教师这个职业的价值与意义，明白教师这个职业的神圣与崇高。让教师在三尺讲台上，绽放自己的生命之花，在学生的成长和对社会的贡献里，灿烂自己的平凡岗位，在学生今日之爱戴与未来的回忆中，演绎自己精彩的教育人生。

第二，理念引领。理念支配行动，理念造就辉煌。教师有什么样的理念，就会有什么样的教育观念，就会有什么样的教学行为，就会有什么样的精神面貌和职业状态。

校长要把素质教育理念以及相关教育高质量发展的科学理念尽可能融入教师的日常教育生活与平常的教学工作中，尽可能呈现在学校的一草一木、一砖一瓦、一言一行、一课堂一活动中，让素质教育以及一些先进的教育理念能够潜移默化、入脑入心，让素质教育成为教师内在的一种精神追求，并化为外在的一种无声的教育行动。

第三，愿景引领。早年间，西方传教士在教堂围墙上写下标语："信耶稣，得永生。"但信众寥寥。后来下了一场大雨，把标语冲掉了几笔，变成了"信耶稣，得水牛"，信教的村民蜂拥而至，都想得到水牛。"得永生"远没有"得水牛"实惠。

这说明创业既要用共同的愿景来聚力，又要用实在而具体的目标来激励，让大家觉得有盼头，有想头，有干头。华为总裁任正非在创业初期对他的兄弟们说："我们以后一定要建造大阳台的房子，这样如果我们的钱多得用不完，发霉了，就可以把钱放在大阳台上晒一晒。"有共同的目标才有共同的价值，有共同的愿景才有共同的行动。

要让教师有使命，作为校长的一个最重要使命，就是让自己的教育思想和办学理念，转变成每一个人共同的目标，转化成教师群体的一种共同愿景。

2. 坚持以人为本，让教师具有尊严感

教师的工作态度以及是否敬业与乐业，从某种程度上说，取决于教师能否有尊严地活着，教师能不能收获职业的价值与尊严。

第一，具有同理心。"己所不欲，勿施于人"，"投之以桃，报之以李"。

校长的身份认同首先是教师，是首席教师，是永远的教师。一线教师，最需要什么，最期盼的是什么，校长应该最清楚，如何对待教师，善待教师，校长应该最明白。

不管任何时候，不管制定什么条条框框，不管作哪些决定，校长都应该坚持"教师第一"，都应该具有教师立场，都应该让教师站立于学校的中央、教育的中央，都应该坚持将心比心，以心换心，学会换位思考。

第二，信任比黄金重要。人与人之间最珍贵的，就是彼此间的信任。

要使每一个教师都努力工作，都全身心投入工作，校长首先得相信教师；要使每一个教师活得有尊严，感觉做教师比较荣光，校长还得相信教师；要使每一个教师对校长认可，对校长服气，对校长尊敬有加，校长更得相信教师。

第三，注重人性。我们把教师当人，他自己就会把自己当牛；我们把教师当牛，他自己就会把自己当人。

作为校长，最重要的职责，就是让每个教师成为最好的自己，成为最好的教师，不二途径就是对教师多些人本关照，人文关怀，人性关切。

对教师多些关照、关怀，相信他们就会萌生"士为知己者死"的念头，就会产生"受人滴水之恩，当以涌泉相报"的情怀，就会有"衣带渐宽终不悔，为伊消得人憔悴"的无悔与奉献。

第四，尊重人格。教师是活生生的人，都有个性和思想，他们期望能保持一份独立的人格，他们希望以自己的能力在获得一份较为体面的薪酬的同时获得一种尊重。

尊重教师，让他们收获最起码的人格尊重，是教师发挥聪明才智、教好书育好人、拥有职业幸福的基础。

3. 建设有温度的校园，让教师拥有幸福感

校园有了温度，教育才会有温度，教师才会收获职业的幸福。

第一，校园环境要有温度。校园环境既是教育的载体，也是最好的教育。

有温度的校园环境，不仅是优美的、朴实的、富有个性的，而且应该是温馨的、诗意的，应该是让每一栋楼都能说话的，每一件陈设都具有育人功能的，应该是让教师承载阳光、享受阳光、充满阳光的。

第二，校园文化要有温度。校园文化内化于心，外化于行，是学校赖以生存和发展的根基，是流淌在校园内的温情血脉，是师生以此为寄托的精神家园，是教育能够走向远方的动力支撑。

学校的品位因文化的积淀而个性鲜明、与众不同，校园的生机因文化的点缀而活力十足、生机盎然，教育的生态因文化的润泽而良性互动、绿色健康，教师的生命状态因文化的温度而激情四溢、朝气蓬勃。

校长给一所学校，哪怕是不起眼的小学校，只要注入文化的基因，赋予文化符号，让其具有文化"味道"，校园就会焕发出奇光异彩，彰显出一种独特的魅力，教师置身其中，耳濡目染，就会自然而然地迸发出澎湃的激情和旺盛的生命活力。

第三，校园书香要有温度。作家曹文轩曾说过，人是需要修炼的，而修炼的重要方式便是阅读。教师更不例外，教师更需要修炼，更需要阅读。

"茶亦醉人何须酒，书自香我何须花"。阅读是需要氛围的，只有将书香与校园联系在一起的时候，只有在校园里四处飘逸着书香的时候，这样的校园才是飘逸、灵动、富有生命力的，这样的校园才会让老师自觉地拿起书本，在书本里徜徉，在书香中浸润，在走进他人的精神世界、构建自己的精神家园中做到教学相长，不断成长。

第四，人际关系要有温度。好的关系是好的文化，也是好的工作氛围，更是好的教育。

教师如果生活工作在一个人人自危、彼此猜忌、充满嫉妒的环境中，他们会有心思工作吗？他们会有职业幸福感吗？他们能给学生带去好的教化和影响吗？教育最终还会有高质量的发展吗？

校长如何营建和谐的人际氛围，如何帮助教师形成共同的价值观，如何强化教师的群体意识和行为规范，如何让团队拥有良好的人际关系，让广大教师感受到"家"的温馨，这比校长的什么工作都重要。

4. 助力专业成长，让教师具有成长感

第一，卸掉枷锁，让教师在宁静中成长。与教育教学无关的评比、达标、创建等事项过多、过于频繁、过于烦琐，不仅干扰了学校正常的教学秩序，也给教师增添了苦不堪言的负担，让他们的时间精力被分散。

过滤掉形式主义的东西，为教师彻底减负，把宁静的讲桌还给教师，让教师回归育人本位，让他们有足够的时间和精力研究教材，研究教法，研究学生，让他们从不堪重负转向轻装上阵，从负重前行转向聚焦高质量发展，从怨声载道转向享受教书育人，享受教育人生。

第二，构建多维评价方式，让教师在充分挖掘潜能中成长。教师肩负着塑造学生精神生命的神圣职责，从事着世间最复杂的高级劳动，教育工作的本质是育人，是立德树人。因此，我们不能用简单的量化方法去评价，也不能仅仅依靠考试分数和升学率去作定论。

校长应积极探索综合的、多维的、系统的、增值的、互动的评价方式，注重从教师的学术素养、职业精神、师德风范、专业品质、教学业绩等层面对教师作出全面而公正的评价，以充分挖掘教师的潜能，激发教师做真教育、真做教育的热情。

第三，任务驱动，让教师在研究状态下成长。苏霍姆林斯基认为："如果你想让教师的劳动给教师带来乐趣，使天天上课不至于变成一种单调乏味的义务，那么，你就应当引导每一位教师走到从事研究这条幸福的道路上来。"

如果教师只是一味地为了备课而备课，为了上课而上课，为了教书而教书，不去学习、不去思考、不去研究，这样的教师慢慢就会变得呆滞木讷，变得僵化愚昧，终有一天会被提倡终身学习的这个时代所淘汰。

对于教师，校长不仅让他们承担教育教学的任务，而且还让他们带着问题思考，带着责任研究，促使教师在工作状态下研究，在研究状态下工作。

第四，搭建平台，让教师在展示自我的过程中快速成长。平台就是舞台，就是事业的跳台。教育高质量发展必须要有一支高素质的教师队伍作支撑。

为此，校长应该尽最大努力给教师创造各种有利条件，搭建各种专业成长平台，提供各种交流学习机会，设置各种助力事业发展的跳台，让教师专业得以发展，素养不断提升，锻造出一支能够担当教育高质量发展的高素质教师队伍。

5. 采取多元激励，让教师拥有成就感

教师是学校里第一重要的群体，也是教育高质量发展的第一重要力量，其精神状态和工作态度将决定学校的兴衰和教育高质量发展的程度。

第一，善于激励教师。一个小男孩问迪士尼公司创办人沃尔特："你是画米老鼠的吗？"沃尔特回答道："我不是画米老鼠的。"小男孩又问："米老鼠里的笑话和那些人们特别喜欢的点子都是你想的吗？""不，这些都不是我想的。""那你是干什么的？"小男孩不解地追问。沃尔特笑着回答说："我就像一只小蜜蜂，从迪士尼工厂的一角飞到另一角，采集花蜜，给每个人打打气，我想这就是我的工作。"

校长的重要职责，不是陷于具体的事务，而是成为那只"小蜜蜂"，"飞来飞去"，"采集花蜜"，"给每个人打打气"，通过一定的激励方式和手段，让教师做他希望做的事情，达到他想要的工作状态和效果，成为他所希望和期盼的那种人。

第二，激励不是管控。没有激励，就没有管理。但校长的激励不是把持，不是专制，不是控制，不是绞尽脑汁、想方设法地怎样把教师管住、管死，而是怎样给教师空间，怎样给教师赋能，怎样让教师成为教育的主人翁，怎样把教师的心凝聚在一起，怎样去唤醒他们工作的热情，怎样去释放和挖掘他们巨大的潜能，怎样调动教师工作的积极性，怎样激发教师教书育人的创造性与主动性。

第三，精神激励胜于物质激励。教师是人，不是神，教师需要生活，需要过日子，需要养家糊口，教师离不开物质的需要与满足，但是教师职业的特性绝不仅仅是为了物质，而更多体现的是一种精神的丰盈，一种意义的赋予，一种价值的实现。

教师的职业尊严也更多地体现在他的专业成长、专业发挥以及所应享有的公正公平，这一切就决定了我们对教师的激励不能仅仅停留于物质层面，也不能仅仅用金钱去定义。

要知道，在这个世界上，有许多东西是不能也无法用钱"定价"的。很多人总认为金钱可以解决一切问题，于是在管理中，一切与钱挂钩，干一件事多少钱，完成一份工作给你多少钱，甚至明码标价，以为教师都是在为钱而工作。殊不知，这不但不会让教师具有持续的动力，而且还会产生抵触反感的情绪。相对于钱，教师往往更看重的是职业意义与职业尊严。

当我们能够唤醒教师的职业意义，激发教师的职业热情，成就教师的职业尊严，教师出于一种职业情怀和操守，他往往不会去考虑报酬，即使报酬低一点甚至没有报酬，他也不会介意，安贫乐道，无私奉献。

校长对教师思想层面上的引领，精神层面上的激励，人文层面上的关怀，比什么都重要。校长能够在这些方面有所作为，为教师有所担当，教育的高质量发展便不会仅是一句空话！

第十八讲 教育的功夫在哪里?

宋朝诗人陆游的儿子想学写诗，便向爸爸请教，陆游对儿子说："你真的要想学写诗，须明白，功夫是在诗之外，不要把功夫用在怎么遣词造句上。"

一、教育的功夫在分数之外

其实，教育也是这样，教育不是分数，不能把教育完全异化成分数，等同于分数，不能把教育的功夫仅用在分数上。套用陆游的话，教育的功夫在分数之外。

然而，当下很多教育却是直接冲着分数而去，一切为了分数，为了一切分数。以分数论英雄，一切唯分数是从。分、分、分，成了教育的命根子。

为了分数，绿色的草坪不再属于孩子，滚动的足球不再属于孩子，笑声和课间嬉戏不再属于孩子，快乐的童年不再属于孩子；为了分数，一遍又一遍的抄写，一道又一道的训练，一次又一次的考试，禁锢了孩子的思维，扼杀了孩子的天性，眼镜片越来越厚，心里越来越脆弱，甚至一些孩子的生命也变得摇摇欲坠；为了分数，不择手段，置孩子的死活、教育的规律、教育人的尊严于不顾；为了分数，学校被办成工厂，教育被窄化为刷题、应试，孩子则成了考试机器，或者流水生产线的零部件；为了分数，奇葩标语、血腥誓词，校园绿领巾，校服上印考试名次，锯掉餐桌凳腿让孩子吃饭狼吞虎咽……这些非典型性例子，让教育在反人性、反教育的路上越走越远。

当然，教育也包含分数，教育也不能没有分数，让孩子获得应有的分数，也是教育应有之义，更是教育人义不容辞的责任和使命。孩子没有分数过不了今天，没有分数过不了中考、高考关，这是教育的现实，也是教育人不可回避，但是必须有勇气破解的话题。

我们同样要思考和面对的是，教育的本质是不是仅仅获取分数，教育是不是只有分数就行了，分数就是教育的全部。

这个回答绝对是否定的，教育不只有分数。如果只有分数，虽然孩子能够过了今天，但是过不了明天，虽然能够赢得中考、高考，但是却有可能赢不了未来的人生大考。教育除了分数，还有比分数更重要的东西，恰恰就是比分数更为重要的一些东西，才是陪伴孩子未来一生的宝贵财富。

那么即或分数是教育的载体，是不可或缺的，乃至是教育的生命线，是核心竞争力，是教育人尊严之所在，但分数也有获取之道，所谓"君子爱分，取之有道"。这个"道"就要回到开头的话题——教育的功夫在分数之外。

二、教育的功夫体现在分数之外的哪些方面？

我认为，教育的功夫应该体现在分数之外的五个方面上。

第一，体现在分数之外的文化上。文化是最好的教育，让校园成为文化的校园，让校园具有文化的芬芳，让校园的一草一木、一砖一瓦、一墙一壁、一楼一道，都具有文化的气息，让孩子置身其中，熏陶浸润，感染影响，潜移默化，让孩子成为他应有的样子，彰显出他应有的精气神。

第二，体现在分数之外的阅读上。且不说自从北京大学语文教育研究所所长、部编语文教材总主编温儒敏指出，如若再不重视阅读，语文高考会有15%的考生做不完，得阅读者，得语文，得中考，得高考，已差不多达成共识，单就在应试教育这个大环境中，如果一个孩子阅读面广，阅读量大，广泛涉猎，视野开阔，语文素养一定会比较高，考试也不会差到哪里去，获得一个满意的分数那也是预料中的事。

因而我们应该营造书香校园，开放图书馆，让书籍主动进入孩子视线，撞入孩子学习生活，鼓励孩子多读课本以外的书，帮助孩子养成良好的阅读习惯，让阅读成为孩子的一种生命状态，一种学习方式。一个喜欢阅读的孩子，你不要担心他得不到满意的分数，也不要担心他不会有一个幸福的人生。

第三，体现在分数之外的活动上。没有活动，就没有教育。没有丰富多彩的活动，就没有个性化的教育，也没有孩子个性化的成长。

创设更多的适合孩子参加的社团组织，让孩子根据自己的个性、兴趣选择参加，既能够迸发和激活他们的天赋特长，又能够让每一个孩子找到自信，让每一个孩子抬得起头，更会让每一个孩子都能够爱上学校，爱上学习。

而且作为教育者，我们由此看到的不再是整个森林，而是对每一棵树的成长都能够了解，能够让每一棵树都有它的存在意义和价值，也能够让每一棵树都能获得相应的阳光和雨露。

第四，体现在分数之外的课程上。"课程"一词最早出现在英国著名教育家斯宾塞《什么知识最有价值》一文中，它的名词形式意为"跑道"，课程即为不同学生设计的不同跑道。既然是不同跑道，就应该力求课程的丰富性、多样性、可选择性，给每个孩子以不同的跑道，以适应和满足不同孩子的成长方式。

然而我们使用的课程却是标准化、格式化、大一统，如果用这种标准化、格式化、大一统的课程，要求所有孩子去适应，就即或是课程没有一点瑕疵，再完美不过，也很难被每一个孩子接受和认可。

摆在每一个教育者面前的任务，就是充分整合学科课程，研发特色课程，拓展固有课程，为每一个孩子开辟学习的"跑道"，最终让每个孩子拥有应对人生、挑战人生的"赛道"。

第五，体现在分数之外的成长上。成长比成功重要。教育不是让孩子仅有一纸分数，其实孩子的分数只是其中很小的一个方面，更多的是怎样助力孩子的成长，怎样助力孩子生命花朵的绽放，生命活力的迸发，生命样态的多姿多彩。

一是立德树人，育分先育人，成才先成人，让孩子综合素质得到提高，人格得到完善。杜威说："一切学科、每一种教学法、学校生活中的所有事件都孕育着道德教育可能性。"教育的功夫就应该充分挖掘道德教育的可能性，突显孩子德育日常化的必要性。

二是激发孩子内生力，呵护想象力，保护好奇心，培养孩子的兴趣和探究的能力。

三是涵养孩子"面对一丛野菊花也怦然心动的情怀"，让孩子具备美好的人性，能善待人，心中有一朵永不凋谢的玫瑰。

四是注重生命教育，教会孩子对生命的热爱，懂得对生命的珍惜。一个人对生命热爱和珍惜，才能有对生活的热爱、对美好生活的珍惜。如果一个人连自己的生命都不热爱和珍惜，那么他不作践自己的生命，就会危及他人的生命，他未来不是赚钱的机器，就是害人的恶魔。

五是尊重孩子，尊重他们的个性，尊重他们的差异，尊重他们的人格，给每个孩子以有尊严的学生生活。

六是关注孩子的心灵，给孩子松绑，让他们拥有身心的自由，拥有更多的闲暇和闲适，拥有他们那个年龄段应该拥有的快乐和笑声，拥有应有的生机与朝气。

七是宽容、包容孩子，让他们敢于犯错、试错，让学校成为他们大胆犯错、试错的地方。孩子在学校不犯错、试错，等他在未来人生路上再去经历，那便会付出高昂的成本。相信每一个孩子都是经过他们在学校里的犯错、试错而走向成功的。

八是善于欣赏孩子，鼓励孩子，特别是对那些天分不足的孩子，自我推动力相对较弱的孩子，学习存在困难的孩子，要努力寻找他们身上的闪光点，要激发他们的自尊，要点燃他们的自信，要让这些孩子能够感受到我们看得起他，喜欢他。

三、分数之外的功夫会让教育变得纯粹美好

分数的获得，绝不是对分数的一个简单指向，一个单刀直入的猎取和拼杀。跳出分数抓分数，虽看似没有直接为了分数，却能够

收到殊途同归、曲径通幽之效。

分数背后其实也藏着许多看不见的东西，包括同样的分数是怎么获得的，不同的做派，不同的方式，或许都会深深地影响获得这些分数的孩子们的终身。

不顾一切地冲着分数而去，当教育只剩下分数时，分数会变得十分狰狞、可怕，有可能它会像魔鬼一样不断吞噬着人的生命和灵魂。

而当我们做到"分数在功夫之外"，这样的分数是纯粹的、美好的，我们的教育也将因分数的纯粹、美好而变得更加纯粹和美好。

期待我们都能够把教育的功夫用在分数之外！

第十九讲

教育,是多些温度的时候了

常听到人们对孩子的议论，现在孩子怎么了？怎么变得越来越冷漠，没有同情心，没有怜悯之心，对周遭、对他人、对一切都是那么的无动于衷、麻木不仁，而且有的孩子还变得那么残忍，可以随意拿起屠刀，弑师、弑父母、弑同学，可以轻而易举地纵身一跃，跳楼、跳江，简直不把生命当生命，不念及父母的养育之恩，把不尽的痛苦抛给自己的亲人。

这些议论也的确不是空穴来风，观看新闻，足以佐证的事例接二连三，数不胜数。

这或许与大的社会环境影响不无关系。但是我们更应该思考的是，与我们的教育，包括家庭教育、学校教育存在的"冰冷"，缺乏应有的"温度"，是不是有更多的联系。

教育不是狂风暴雨，不是严冬寒霜，不是控制把持，不是残酷无情。教育是温暖人心的事业，是用善良唤醒善良，用美好启迪美好，用心灵感应心灵，用情感传递情感，用生命慰帖生命的艺术。

然而，当下的教育是一个什么情况呢？对于家庭，为了寻求上升通道，极度焦虑的家长，不在意孩子的德行，只要有分数就行；不管孩子的心理健康，只要能从考试中胜出就好；不顾孩子的死活，只要一息尚存，就拼分不止；不计较孩子有没有爱心、孝心、责任心，只要能拿到一张通向"985""211"的通行证，就满意放心。

对于学校，更是因于应试教育的藩篱，为了分数，师生一起捆绑于应试教育的战车，一起拼杀，眼睛一睁，开始竞争，为了提高一分，不惜干掉千人，只要学不死，就一个劲儿地往死里学，至于立德树人，至于育人成人，至于孩子的品格操守、心理心态、感恩之心、善良之心，则无关紧要，可有可无。

可怜天下父母心，可怜天下老师心。这一切固然出自爱子之心、爱生之心，但是这样的教育少了应有的理性、应有的柔和、应有的温情、应有的温度。长此以往，让孩子在这样的氛围中耳濡目染，在长期的冷漠逻辑中潜移默化，怎么懂得生死相依、患难相偎，风雨同舟？怎能明白共情共理，己所不欲，勿施于人？怎会知道，这个世界除了分数之外，还有仁义礼智信，温良恭俭让？怎样深谙人的这一生，还有很多比分数更重要的一些东西？诸如亲情友情、责任担当、人性洞察、生命善待，等等。

教育的"冰冷"所带来的一些现象和事实，已经给我们亮起了红灯,敲响了警钟。教育不能再"冰冷"下去,是到了要有"温度"的时候了!

一、给教育理念赋予温度

教育是塑造人,是培养合格公民,是为孩子未来幸福人生奠基;教育不是制造考试机器,不是把孩子作为上升阶层、实现功利的工具。因而育人比育分重要,成人比成才重要,成长比成功重要,孩子的生命永远比什么都重要。教育除了让孩子获得相应的分数外,更重要的是要使孩子能够成为身心健康者、责任担当者、问题解决者、终身阅读者、优雅生活者。

从家庭教育的角度来看,要真正扭转目前这种家庭教育状态,使家庭教育具有温度,还真需要来一次家庭教育的启蒙,让更多家长能够树立正确的家庭教育理念,掌握科学的教育方法,不把自己卷入焦虑和危害孩子身心发展的旋涡之中。至少不因家长教育理念的缺失和教育方法的不当,让一朵朵含苞欲放的生命之花过早枯萎凋谢。

从学校教育的角度来说,要深化中考、高考制度改革,探索和建立绿色评价机制,让教育从只有分数、唯分数是从的桎梏中解救出来,坚持五育并举,全面发展,个性化发展,把快乐和幸福还给孩子,让教育回归常识、回归本位、回归人性、回归自然、回归其应有的状态。

二、教育情感应该彰显温度

要培养出有情有义、有情感的孩子，不管是家长，还是教育者，对孩子的教育，都应该带着一种情感，倾注一份真情，带着爱心走向孩子，带着童心融入孩子，带着感恩心教化孩子，带着热心温暖孩子，带着仁慈心影响孩子，将闪耀人性之美的人间真情，播撒在孩子的心田，让其生根发芽、开花结果。

在情感的阳光雨露的滋润下成长起来的孩子，会珍惜情感，明白情感的可贵，也懂得用情感去孝顺父母、尊敬老师、善待他人、面对社会。

三、让教育方式多一点温度

有温度的孩子绝不是在棍棒下打出来的，也不是在言语相辱中吼出来的，更不是在高压相逼、身心长期处于压抑下折腾出来的，而是晓之以理、动之以情、导之以行、循循善诱，用教育的智慧，打开一扇扇心灵的窗户，启迪一个个或许冥顽、愚钝的心灵。

苏霍姆林斯基曾遇到一个违反校规采摘了校园玫瑰的女孩，当得知小女孩是想送玫瑰给生病的祖母的时候，他没有批评她，反而多送了她三朵：一朵送给小女孩，以奖励小女孩的善良和爱心；一朵送给她生病的祖母，祝她早日康复；一朵送给小女孩的父母，以奖励他们教育出了一个善良的人。这是多么有温度的教育，这种教育方式是多么让人感到温暖。

江西永丰县欧阳修学校的一位老师，在课堂巡回时，发现一女同学趴在桌子上睡着了，这位老师便走上前，采用揉肩的方式叫醒了她，并且让这位女同学跟她一起做颈椎操。

一般说来，课堂上，老师对睡觉的学生都不能容忍，往往会大声呵斥，甚至罚站痛骂，但这位老师所展现的，却是对学生疲惫的理解，给了学生春天般的温暖。这个视频在网上一传，便引发了广泛关注。我在想，老师的一个不经意之举，为什么能引起如此大的反响？因为，当下这样的暖心的教育方式实在太少了！可以想象，这位老师极富温暖的举动，会给孩子一生的影响，陪伴孩子一生的将是一种永恒的温暖。

如果我们的家长，或是教育者，不注意教育方式，动不动就是指责训斥，就是拳脚相加，就是冷嘲热讽，那孩子心中的善良岂不是遭受打击，心中所具有的温度岂不慢慢冷却？

"我怎么生养了你这个一文不值的东西？""你笨的连猪都不如！""这辈子遇到你这样的学生，真是倒了八辈子霉。""考这点分，还有脸见人？"……这些语言可能我们并不陌生，常出自一些家长和教师之口。孩子从这些话语中一点点积淀下来的自卑，还有怨气、仇恨、怒火，终有一天会达到临界点，在外界环境稍有一点火星的情况下，完全可能喷薄而出，灼伤他人，毁掉自己。

孩子在成长过程中，需要阳光，需要温暖，需要理解和认可，需要自我实现的意义和价值，因此在面对每一个教育场景时，特别是在孩子出现这样或那样的不足、犯下这样或那样错误的时候，要力求不急躁、不极端、不尖锐、不草率，做到表情有温度，言语有温度，教育方式有温度，让孩子在教育的温度下，开出真善美的花朵。

四、教育的惩罚也可以有温度

教育的惩戒其实也是教育方式中的一种，作为一种重要且特殊的教育方式，有必要单独讨论。对于教育惩戒，尽管现在有了明文规定，有了具体的界定，有了相应的标准，但是教育惩戒的目的仍是教育，而非真正的惩罚。

教育作为一门爱的艺术，实施教育惩戒既要把握好尺度，还要彰显教育的温度。有温度的惩戒，会体现出我们的教育之爱和教育之智慧，会收到意想不到的教育效果，会培养出富有温度、充满大爱之人，甚至造就出特别之才。

英国生理学家麦克劳德，曾获诺贝尔医学奖。他之所以在医学方面取得辉煌成就，或许与他小时候在学校受到的一次"惩戒"有关。

麦克劳德上小学时，一天他突发奇想，想看看狗的内脏是什么样子，便和几个小伙伴弄来一条狗杀掉了。没想到杀掉的是校长最宠爱的狗。

可以想一下，如果杀的是我们养的狗，我们完全可能暴跳如雷，完全可能找孩子父母理论，完全可能要求高价赔偿。假如用这种办法惩戒，诺贝尔奖的领奖台上就可能会少了一位伟大的生物学家。

这位校长是怎样"惩戒"的呢？他让麦克劳德画狗的血液循环图和骨骼结构图。这一"惩戒"很有温度，不但使小麦克劳德认识到杀狗的错误，并懂得了要为自己的行为负责，而且还使他学到了相关的生物学知识，培养了他科学探究的浓厚兴趣，真可谓一箭多雕。

陶行知先生的"四颗糖"的故事，也应该家喻户晓。有一天，陶行知先生在校园里看到一名男生正用砖头砸另一个同学，他及时制止并叫这个学生去办公室。男生先到了办公室，等着挨陶行知先生的教训。然而陶行知先生了解情况后，却掏出一颗糖递给他："这是奖励你的，因为你很准时，比我先到了。"接着又掏出一颗糖："这也是奖励你的，我不让你打人，你立刻就住手，说明你很尊重我。"该男生将信将疑地接过糖。陶行知又掏出第三颗糖："据了解，你打同学是因为他欺负女生，说明你有正义感。"

这时那名男生已经泣不成声了："校长，我错了。"陶校长这时掏出第四颗糖："你已经认错，我们的谈话也结束了。"

教育孩子时，应该平心静气，春风化雨；应该换位思考，旁敲侧击；应该开导鼓励，直击人心；应该别出心裁，独具匠心；应该化"惩戒"为神奇，令人拍案叫绝。

南风比北风更有力量，微笑比严酷更加有效，赏识鼓励比批评指责更扣人心弦。

五、教育的生命要有温度

生命是宝贵的，因为生命不可逆转，因为生命对于每一个人只有一次，因为每个生命个体都是不可复制的孤本，因为一个又一个生命的五彩缤纷才构成了这个世界的多姿多彩、绚丽夺目。

作为家长、作为教育者，我们应该远离焦虑，摒弃功利，善于发现孩子的闪光点，善于走进孩子的内心世界，关注他们的内心，呵护他们纯真的心灵，引导与疏导他们的情绪，排解与化解他们的压力，让孩子具有坚强的心智、健康的心理、良好的情绪、积极的人生态度。

同时，不能把分数和成绩、考试和排名、升学和考名校，作为教育的唯一目标，并以此忽视生命，忽视生命的教育，忽视生命的塑造与涵养。要知道，如果我们的教育因为缺乏温度，因为忽视生命和生命的教育，让孩子轻视生命，随意作践生命，到最后连生命都没有了，其他的一切又有何用？真可谓"皮之不存，毛将焉附？"

因此，对孩子的生命教育，必须加强，必须提上议事日程。通过生命教育，让孩子懂得生命的美好，明白生命的意义和价值，让孩子既关爱生命，珍惜生命，尊重生命，不拿生命当儿戏，对生命保持一种谦卑，又注重实现生命价值，诠释生命意义，把生命观、价值观和人生观有机结合，相得益彰，浑然一体。

六、教育管理必须体现温度

教师要对学生有温度，管理者对教师也要有温度。包括校长对教师，教育局局长对校长。也就是校长要把教师当教师，教育局局长要把校长当校长。一句话，要把人当人。

经常看到教师生病不治，打着点滴上课的，得了癌症坚持站讲台的，教师的孩子得了重病顾不上去看医生的，教师的父母亲去世都没有时间去看最后一眼的……凡此种种，看似令人感动，但在感动之余，这些缺乏温度的管理总让人有些内心不安。我多么希望看到学校有这样一些管理制度：不准带病上课；孩子生病先调课看孩子；父母生病、病危或逝世，必须先尽孝道。

管人重在管心，一切由"心"出发，一切由"心"使然，而不是把人死死地管住。有的学校管教师，一天签几次到，还有五花八门的指纹识别、刷脸打卡、手机定位，当然这样可以把老师盯死看牢在校园、在办公室。老师们遇到急事不能去处理，甚至连孩子生病了都不能带孩子去看医生，但老师们完全可以人在曹营心在汉，完全可以人在办公室，"心"却早已飞到九霄云外，甚至完全可以用两部手机，一部手机放在办公室，让你觉得他在那里待着，而人却拿着另外一部手机潇洒于外面精彩的世界了。试问，这样失去温度的管理又有何意义和价值呢？

北京市昌平区城关小学原校长柏继明，被称为"减负校长"。前不久在四川省陶行知研究会学术年会上做报告，她讲她对老师实行散养式管理，老师们不用签到、不用坐班，有急事可以调课去处理，深得老师拥护，从而，老师在工作上更认真，更不敢懈怠。她说，散养的鸡、散养的猪，肉都好吃些，价格都卖得贵。这些被散养的家禽，其实它们都是有自觉性的，不管觅食的地方再远，到了傍晚，都会回到各自的家。特别是母鸡，到了下蛋的时候，它会回到主人的家把蛋下了，再去觅食，你看哪个母鸡会把蛋下到别人家里呢？

她由此说，老师们是更有自觉性的，我们要充分信任老师，不要把老师管得太死，只要他把"蛋"下在学校就行。

这样的管理便弥漫着浓浓的人性，体现了一种管理的温度。有一句话，你把教师当牛来用，教师自己就会把自己当人看；你把教师当人来看，教师自己就会把自己当牛使。

教育要有态度，更要有温度。基于人性之上的教育，必须有温度，必须用富有温度的教育去温暖教育的天空，去温暖孩子的成长，去温暖他们的未来人生！

第二十讲 让家庭教育因阅读而美好

可怜天下父母心。几乎所有父母在培养孩子的过程中都绞尽脑汁，煞费苦心，不敢掉以轻心，都想尽到家庭教育的责任。那么，真正的家庭教育是什么呢？

一、真正的家庭教育是阅读

我以为，真正的家庭教育绝不是父母在孩子面前成天地喋喋不休，数落唠叨，不厌其烦地空头说教，翻历史旧账。绝不是一味地拿自己的孩子与别人家的孩子做比较，拿自己孩子的考分与别人家孩子的考分攀比。绝不是以"我这都是为你好""都是父母爱你"为由头，对孩子身心控制、时间把持，让孩子没有闲暇，没有自由，没有笑声，没有快乐的童年。绝不是不顾自己的劳累，不顾孩子的死活，打呵欠也要陪孩子写作业到凌晨；不是看着人家的孩子在补习，哪怕砸锅卖铁也要把孩子送到各种补习班；不是看到人家的孩子进了所谓的名校，自己不惜一切代价也要把孩子硬弄到什么名校去。

其实，真正的家庭教育很简单，那就是阅读。

但是纵观当下家庭阅读，的确存在很多问题，有的父母成天忙着挣钱，忙着自己的事，没有时间陪伴孩子阅读；有的父母即或闲着，有时间，要么喝茶打麻将，要么玩手机、看电视，没有心思和精力陪孩子一起阅读；有的父母不重视阅读，眼睛只盯着分数，为了不让孩子输在起跑线，不准孩子读课本以外的书，成天不是逼着孩子做题，就是把孩子赶往各种培训班、补习班，让孩子顾不上阅读；还有一些年轻父母抛下孩子外出务工，孩子交给爷爷奶奶照管，这种隔代养育的现象越来越多，问题越来越突出，导致不少家庭缺乏指导孩子阅读的能力。

二、阅读是孩子学习与生命成长的重要方式

对于孩子来说，阅读是一种重要的学习方式。它是巩固学习成果，迁移学习知识，拓展学习视野，吸收和丰富知识的有效手段。一个只是能够考试，而从不阅读的孩子，他可能见山只是山，见水只是水，而不能达到见山不是山，见水不是水，见山不只是山，见水不只是水的境界。

阅读也是一种重要的生命成长方式。阅读的过程不单是一次知识摄取的过程，更是一次次心灵洗礼、生命滋润、智慧生长的过

程。特别是孩子在他的生命成长季节进行广泛阅读，博采众长，吸收丰富的营养，获取复合的精神养料，会最终帮助孩子形成一种强大的发展能力，迸发出一种势不可当、蓬勃向上的内生力。

阅读更是一种重要的人生超越与挺拔方式。

通过阅读，丰盈人的灵魂，铸就人的精神趣味与人格倾向，塑造对于人生、对于未来的基本态度和价值观念。大量有益的阅读，可以让孩子如同得到阳光的沐浴，甘霖的浇灌，最终为其打上生命的底色，奠定人生的高度，让其受益终身。

特别是孩子在14岁以前的阅读经历与阅读体验，对孩子今后的成长相当关键，对孩子以后的幸福生活也至关重要，对孩子未来的人生影响巨大。从某种程度上讲，人生以后的历程画卷，只不过是前面14年所阅读的东西经过积淀后的一个展开，这个展开的画卷是五彩缤纷、绚丽多姿，还是色调单一、黯然失色，完全取决于孩子在这样的一个美好的年龄读不读书，读了多少书，读了什么样的书。

因此，我以为，一个孩子绝对不能没有阅读习惯。

阅读习惯是孩子其他习惯的总开关，也是其他一切习惯之母。孩子有了阅读习惯，就有了阅读的饥饿感而不断进食的主动性，就有了为理想而读书的自觉性，就有了为自身成长而坚持读书的积极性，就会把读书作为一种生活必需、生存状态，就会永远把读书作为生命中重要的事情。

孩子有了阅读习惯，他会在广泛的阅读中让自己具有强烈的好奇心和探求欲，在自己喜欢的天地里心灵愉悦、精神自由、灵魂救赎，在寓教于阅读中提升自己的独立、担当、创造等综合素养和能力，在对阅读的执着痴迷中塑造健康的品性和人格。

三、阅读习惯的养成从家庭阅读开始

我认为，在帮助孩子阅读习惯的养成上，虽然学校教育可以做出很多努力，比如营建书香校园，形成积极的读书氛围，开展丰富多彩的读书活动，一级读给一级看……但是孩子最终阅读习惯的养成、阅读能力的培养，很大程度上取决于家庭。阅读是从家庭教育开始的，是从家长的阅读陪伴开始的。

家长的阅读陪伴，不同于其他陪伴，是家长对孩子最有意义、最有价值的陪伴，这种陪伴不仅是身体的陪伴、时间的陪伴，而且是情感的陪伴、心灵的陪伴、精神的陪伴。这种陪伴，让家长与孩子有着共同的情感体验和成长体验。

家长陪伴的阅读是最好的游戏。不要以为父母陪孩子过家家、逗虫虫、捉老鹰那才是游戏。其实，父母和孩子在一起看书、读绘本、讲故事、听故事，那都是在陪孩子玩游戏，而且是高级的游戏，比游戏更为精彩的游戏，是更能开启孩子心智的游戏。

家长陪伴的阅读是最好的游历。与孩子在书的世界中一起遨游、一起体验，上下五千年，东西南北中。孩子们喜欢的书籍，往往是把人类最美好的东西，蕴藏于一个个人物、动物的命运之中，寄寓于一个个美好的情节和神奇的故事中。孩子们穿越文字的时空，一路小溪绿草，流水飞鱼，蓝天白云，山川险滩，沙丘绿洲，悲欢离合，甘苦荣辱，生死依偎，忠贞不屈，他们尽情体味旅行的酣畅淋漓，领悟智者的宏图伟略，感受名家的卓尔不群，细品人生的万般风景。你看，这岂不是最廉价、最实惠、跨越度最大的游历？

家长的阅读是最好的言传身教。父母其他方面的言传身教，有可能是浅层次、表象的、单方面的，而父母主动拿起书本阅读，主动读给孩子看，用自己的阅读带动孩子的阅读，用自己的示范阅读引领孩子阅读，让孩子从此喜欢上阅读，也让孩子从小具有良好的阅读习惯，这是一种巨大的潜移默化，一种根本性的影响和教化。

我们倡导父母在孩子面前的阅读，不仅仅是父母自己成长的需要，而且是对孩子最好的榜样，最好的率先垂范，最好的身先士卒。

所以说，阅读的种子是在家庭里面播种下来的，孩子的阅读习惯是在家庭浓郁的读书氛围中不断熏陶浸润形成的，孩子的阅读兴趣是在父母随时都捧着书读的美好身影中被激发的，孩子持续的阅读动能是在同一个屋檐下的那几个人，因为有着共同的精神密码而被挖掘。

《朗读手册》里面有一首诗："你或许拥有无限的财富，一箱箱的珠宝与一柜柜的黄金。但你永远不会比我富有——我有一位读书给我听的妈妈。"

从某种角度讲，孩子是由家长牵手进入阅读世界的，无论是自觉的引导，还是无意的带进，家长在孩子阅读方面的作用无论怎么评价也不为过。喜欢阅读的孩子背后往往有喜爱阅读的父母。

有关研究表明，家长爱好读书、拥有阅读习惯的，孩子常常会受到积极熏陶，在三岁左右就会表现出异于其他同龄孩子的特点，认读、理解、表达的能力会更胜一筹，尤其到了初高中阶段，阅读积累的知识基础与优势将持续释放，表现出较强的阅读理解和写作能力，在中考、高考中语文科目的优势将充分体现、一览无余、令人羡慕。所谓的得阅读者得语文，得中考、高考，就是这个道理。

其实这在我们身边有很多鲜活事例。我所见证的一些家长，哪怕再忙，哪怕每天再晚，他们都要坚持读几十分钟的书，特别是当着孩子的面阅读，这个习惯一直都未搁下。家长从孩子两岁多开始，就陪着孩子看绘本，坚持每天晚上给孩子讲绘本，并慢慢地引导孩子阅读绘本以及其他书籍。这种氛围从小就给孩子打下了阅读的底色，孩子后来便自然而然地进入一种主动阅读、主动学习的状态了，孩子的学习，包括考试成绩，就用不着家长操心了。

与之相反，也有一些家庭，父母认为阅读是孩子的事，当家长还读什么书，在孩子面前只顾玩手机、看电视，从来不读书，长此以往，孩子也沉湎于手机和网络的世界，对学习失去了兴趣，对阅读更打不起精神，逐渐产生了厌学弃学的情绪。这个时候父母着急了，睡不着觉了，逼着孩子没日没夜地刷题，忙着给孩子报补习班，这往往都无济于事，回天无力了。

一些家长常常问我，怎样才能让孩子喜欢读书呢？我告诉他们，唯一的办法，就是你自己带头读书、读书、再读书！后来，一些朋友果真下决心戒掉了多年爱打麻将的嗜好，开始买书、读书。还有一些朋友也戒掉了在孩子面前一点也不顾忌地玩手机的恶习，开始在孩子面前像模像样地读起书来。奇妙的是，在父母的影响下，孩子也跟着读书，慢慢地也就有了好的阅读习惯，成绩也随之不断提高。

对于孩子来说，阅读是最好的学习、最好的补习，拥有良好的阅读习惯，可以说是陪伴孩子一生的宝贵财富。通过家庭阅读氛围帮助孩子养成阅读习惯，每一个家长都应该为此做出努力！

四、父母要成为有协助能力的家长

与以前假期不同的是，由于校外培训机构的规范与治理，好多地方的孩子现在假期去不了各种补习班、特长班、培训班了。这当然很好，是好事！我曾经写过一篇文章，说孩子最好的补习是阅读。

我认为，家长完全可以利用难得的假期，关注一下孩子的阅读，关注一下孩子阅读习惯的养成。其实，这比花大把钱把孩子送到补习班、特长班、培训班更划算、更有意义，更有利于孩子的身心健康，也更有利于孩子的成长和亲情关系的培育与构建。

所以，这段时间我一直在琢磨和思考家庭与家长阅读的话题，也特意阅读了英国著名作家、国际安徒生奖获得者、知名儿童阅读研究和推广专家艾登·钱伯斯在1991年出版的《打造儿童阅读环境》一书。在这本书中，钱伯斯提出了令人瞩目的"阅读循环圈"理论。"阅读循环圈"理论由"选书""阅读"及"回应"三个环节组成，它需要有协助能力的家长。为此，我提出了这样的一个观点：对于孩子阅读，父母要成为那个有协助能力的家长。

1. 父母要成为有协助能力的家长，首先是"选书"的问题。

钱伯斯认为，阅读活动从选书开始。若儿童并非来自书香之家，家长又不具备选书买书的能力，学校图书馆就应成为儿童读物的主要来源,学校首先需拥有一批适合儿童阅读、类型丰富的藏书。钱伯斯还认为,学校图书仅有藏书,光有储备也是不行的,图书应该是可以接近的,不是束之高阁仅仅作为摆设的,图书应该进行展示,让儿童与书籍的随时相遇成为可能,以刺激阅读者的阅读兴趣。

这就是我这些年一直主张的,学校要把图书室里的书搬出来,通过建书壁、书橱、书柜、流动式书车等,让书香浸润校园的每个角落,让书籍能够主动地映入孩子眼帘,主动撞入孩子生活,主动地与孩子相遇。

过去我在四川省阆中市从事区域教育管理十多年,我要求每所学校都要成为书香校园,在楼道、在墙壁、在学校的中心或高地、在孩子活动密集的地方,都要设置书架、书橱、书柜,陈列相应的书籍,让书籍漂流起来,让孩子做到随手可拿、随地可取、随时可读。书是在阅读中才有它应有的意义和价值。我的口号是:宁肯让书被孩子们翻烂,也不能让书在图书馆里放烂;宁肯让书被孩子们拿走,也不能让书在图书馆里睡大觉。事实证明,这既会让校园飘逸书香,有着浓郁的阅读氛围,又能最大限度地刺激孩子的阅读兴趣,帮助孩子养成良好的阅读习惯,从而助推孩子的阅读,推动区域教育的整体阅读。

我最近几年在全国各地为教育而行走,用这些举措指导一些地方的区域阅读和一些学校书香校园的营建、阅读活动的开展，极大地点燃了孩子们的阅读热情，唤醒了孩子们生命的潜能，滋养了孩子们的精神发育，促进了不少学校的发展和不少区域教育生态的改变。

对于有选书能力的家长，那当然更好，家长可以根据自己的视野、理解和判断，直接为孩子挑选书籍。

费尔巴哈说过，人是他自己食物的产物。孩子阅读什么样的书，最终决定他会成为什么样的人。现在的书五花八门，泥沙俱下，孩子在那样的年龄，又缺乏相应的鉴别能力，作为有选书能力的家长，就更应该重视对书籍的选择。择书同择友一样重要，家长应该利用自己的智慧让孩子在有限的时间读到最适合他们的好书，特别是对于孩子看的第一本书的选择，更为重要。

"童话大王"郑渊洁在他的《郑渊洁家庭教育课》一书中谈到，让孩子养成阅读的习惯，孩子看的第一本书很关键。他说，现在是声光电的世界，孩子从出生起就被声光电诸如动画片、手机游戏、电脑游戏包围，如果孩子看的第一本书不能吸引他，孩子就会认为阅读是一件无聊和枯燥的事，就会从此对阅读敬而远之，投入声光电的怀抱。郑渊洁由此告诫家长，家长应该特别重视孩子看的第一本书，应该经过精心挑选，必须是能吸引孩子的书。

2. 父母要成为有协助能力的家长，其次是"阅读"的问题。家长起点有高有低，素质参差不齐，对于这一点，并不是每一个做家长的都能认识到阅读的重要性，都爱好阅读，或者说都有能力阅读，都有能力去指导孩子阅读。

我觉得，应该因家长而异，对于爱好阅读和有能力阅读的家长，我们要强调他在孩子阅读中是不可或缺的要素。

一方面，家长每天应当安排一个固定的时间为孩子朗读。特别是对于孩子的早期阅读，家长为孩子朗读很管用，也有效，能够引导孩子最终踏上阅读之路。大量研究证实，为孩子朗读是培养阅读习惯最重要的因素。美国阅读委员会在《成为阅读大国》的文件中也曾呼吁，朗读是唯一且最重要的活动。

伴随着对孩子的朗读，家长可以逐渐地同孩子一起读书，或者共读一本书。家长在与孩子一起读书时，既要要求孩子认真阅读，又要帮助孩子认真理解阅读内容。

另一方面，家长要善于启发思考，积极引导孩子读书。在引导孩子阅读的过程中，家长可以创设各种情境，启发孩子思考，拓展孩子的思维空间。比如说，可以让孩子改编人物语言，改变故事情节，改写故事结尾等，以此来培养孩子的想象力和理解力，也包括写作的能力。

与此同时，家长在陪孩子阅读到一定阶段后，还可以和孩子进行有目的的交流，或对文章词汇、语句的解析，或对作者主旨表达的挖掘，或谈阅读心得、感悟体会，以此了解孩子阅读的进度、效率和理解程度。

对于不喜欢阅读或没有能力阅读的家长，强制他去读书，恐怕也很难受和痛苦。不过，不喜欢阅读或没有能力阅读的家长并不是说就可以忽视孩子的阅读，不重视孩子的阅读，这种家长可以重点放在对孩子阅读氛围的营造上。比如，可以给孩子在家里专门添一个书桌、一个书柜，放一盏阅读灯，设置一个读书角，有条件还可以给孩子弄一个书房，可以在孩子视线所及的地方有意识地放一些适合孩子读的书，诸如沙发上、床头柜、电视机旁等。孩子每天在这样的氛围里拿起书来阅读，在晨曦的朝霞里，在夕阳的余晖中，在柔和的灯光下，那将是一幅多么美好温馨的画面！

家长还可以给孩子规定阅读时间，帮助孩子拟订读书计划，只要孩子到了阅读时间，家长应该至少有一人陪伴孩子一起阅读，哪怕家长只是装模作样，或者在书本中夹着手机玩，但必须让孩子感觉到你在很认真地陪伴他阅读，这一点很重要。这不是虚伪，不是做作，而是一种教育艺术。

正如我曾经提出的一个观点，做老师的，你有可能做不到喜欢班上的每一个孩子，但是我们在孩子面前，也必须要做出一个喜欢每一个孩子的样子，让每一个孩子都感觉到老师在喜欢他。为了证明我提出的观点，后来我在阅读中找到了佐证。美国教育家托德·威特克尔曾有一段论述："不强求你喜欢每个学生，但要做出喜欢他的样子，如果你的行为并不说明你喜欢他们，那就无论多么喜欢他们都没用，但是如果你的行为表现出你喜欢他们，那么无论你是否真的喜欢也无关紧要。"

3. 父母要成为有协助能力的家长，再次是"回应"的问题。一方面，家长应及时了解孩子的阅读进度和状态，同孩子交流读书方法、读书心得，让孩子把书中的片段讲给家长听，把读后的感受与收获给大家作一些分享，让孩子在有机会审视这本书究竟给他带来了什么的同时，进一步调动孩子的阅读兴趣，激发孩子阅读的积极性和主动性。当然，还可以此了解孩子在学校里阅读的情况，形成家校共同助力孩子阅读的合力。

另一方面，家长要利用周末或者节假日，尽量多带孩子到书城或者图书馆转转，一起买书，一起看书，让读书成为一种心灵的消遣，一种休闲时尚！我有一个观点，家长多带孩子到书城或者图书馆，哪怕不买书，对孩子都是一种影响和教化，这对孩子喜欢上阅读，都是有好处的。

这样，一本好书，一段愉快的阅读经验，将为孩子开启幸福的阅读旅程，而且周而复始，生生不息。

在孩子这个年龄，让孩子长大、让世界宽广的最好方法是阅读。书里藏着别人的世界，你读懂了，你的世界就拓展了，你和你孩子的人生就美好而幸福了！

第二十一讲 用阅读助推农村教育的高质量发展

党的十九届五中全会提出，建设高质量教育体系。"十四五"时期，我国教育进入高质量发展阶段。

农村教育是中国整个教育体系不可分割的一部分，教育高质量发展离不开农村教育的高质量发展，没有农村教育的高质量发展，就不可能有真正的中国教育的高质量发展。

一、影响和制约农村教育高质量发展的因素

要实现农村教育高质量发展，我们首先要思考的是，影响和制约农村教育高质量发展的因素是什么。

我认为，首要的因素是师资。这些年，随着国家的投入，农村学校的办学条件都已得到有效改善，造成城乡教育差距大、不均衡，不再是校舍以及相应的硬件设施设备，而是教师。

一方面是优秀的教师下不去，另一方面是下去了也留不住。那些勉强下去的教师，在农村学校通过历练与积淀，后来成长为优秀

老师的，要么因为待遇、工作环境、文化氛围的原因，很难扎根，孔雀翩翩飞，孔雀主动飞；要么被一些所谓的名校互相争夺，恶性挖走；要么被逐级考调，层层"割韭菜"，从而导致农村教师紧缺，城乡师资差距大，严重不均衡。

怎样弥补和缩小城乡教师的这种差距，除了一方面补充新鲜血液，加大交流力度，建立一些特殊的政策机制，让更多的优秀教师愿意扎根农村，潜心从教，奉献乡村；另一方面就是对现有存量教师进行系统而有针对性的培训，有效提升他们的素养和业务水平。

然而这两方面或许可以缩小一些城乡教师的差距，但是企图通过补充新鲜血液，加大交流力度，建立政策机制，以解决城乡教师的均衡问题，则有可能初衷很美好，愿望也美丽，而最终效果也许难遂人意。

而且教师的大面积培训，对于经费紧张、师资紧张的农村学校来说，既是一项不小的开支，又可能因为要完成教学计划而没有时间。

更何况，费尽苦心培养出的优秀教师，随时都会面临被"挖"的风险。

二、撬动农村教育高质量发展的支点是阅读

我认为，最便捷有效、成本也最低的方法，那就是推动阅读，

让农村每一个教师都拿起书来读，都成为读书人，都养成好的阅读习惯。

教师读书是教师最好的备课、最好的学习、最好的提升、最好的成长，也是最好的改变，更是乡村教育最好的资源。

苏霍姆林斯基极力主张教师读书，他曾作过多次论述，他说，"读书，读书，再读书——教师的教育素养这个方面正是取决于此""一些优秀教师的教育技巧的提高，正是由于他们持之以恒地读书，不断地补充他们的知识的大海"。他还说，"教育——首先是关心备至地、深思熟虑地、小心翼翼地去触及年轻的心灵。要掌握这一门艺术，就必须多读书、多思考"。

当然，教师读书，绝不仅是读教材、读教参，而是要广泛涉猎，博览群书，读专业领域的书，读教育理论书，读经典的人文书籍，也包括读一些伟大人物的传记。

教师在书中与智者交流，跟灵魂对话，同美好相遇，让自己变得与众不同，让自己变成美好的自己，也让自己不断走向优秀与卓越。

对于农村学校，不仅仅是教师的差距，农村孩子相对于城镇孩子，无论是学习环境、教育氛围，还是家庭背景、文化基础，乃至对教育的认知态度、方式手段，也存在着较大的差距。

农村教师的读书，实际上不仅仅是教师自身素质的提升，而是通过教师的示范引领、率先垂范，更好地带领孩子们阅读，让孩子们在耳濡目染中养成良好的阅读习惯。因为最好的教育莫过于示范，校园最美的风景莫过于老师带着孩子们一起阅读。

除了示范引领外，教师还能够通过自己阅读所拓展的视野、积累的经验、打开的思维、提升的境界，为孩子们的阅读提供指导，帮助孩子们更好更有效地阅读。

更重要的是，农村孩子喜欢上了阅读，对书籍爱不释手，把阅读作为一种学习方式、一种学习习惯，他们所面对当下的诸多的教育上的不公平以及家庭和家庭教育的差距，则完全可以由此逐渐缩小乃至慢慢消除。

美国学者赫希在《知识匮乏：缩小美国儿童令人震惊的教育差距》一书中曾指出："我们只有在妥善处理好阅读问题后，才能在知识经济时代的竞争中处于最佳地位，才能实现保证每位学生人生起点公平的目标。"

基于此，可以这样说，农村教师的阅读是自身素质提高的前提，是学生阅读习惯养成的前提，甚至还是缩小城乡教育差距，提升整个农村教育质量的前提。

三、让书籍主动撞入农村教师的生活

怎样才能让书籍主动撞入农村教师的生活，让他们与书不期而

遇，开启阅读模式，过一种有意义的阅读生活呢？

我以为，作为区域教育，要倡导阅读，大兴阅读之风，要多方争取，加大投入，为各个学校包括农村学校配备更多、更好、更适用的书，以满足农村教师的读书需要。

要开展读书活动，诸如读书论坛、读书沙龙、读书演讲、读书征文、读书人物评比，营造浓郁的区域读书氛围，构建区域阅读共同体，实现读书活动的全面化和全员化。

要把读书活动与教师专业发展相结合，与素质教育推进相结合，与区域教育品质提升相结合，与区域教育的高质量发展相结合，推动区域读书活动的落地生根和蓬勃发展。

而对于广大的农村学校，校长是不是一个不折不扣的读书人，校长在书香校园建设中能不能积极作为，对教师的阅读影响重大。

校长要带头读书，做书的崇拜者，通过坚持不懈的读书，让自己变得内敛、儒雅、博学、有魅力，更能让老师学有标杆，做有楷模，行有榜样，效有典范，读有引领，成为阅读的参与者和践行者。

校长随时拿着书读，是校长应该有的样子，也是校园最美的身影，更是教育最美好的风采。

不仅如此，校长还要积极创设书香校园。一个书香浓郁的校园，一定是一个读书氛围浓厚的校园，也一定是一个书声琅琅，师生为书而痴而迷，自然而然地进入一种读书状态的校园。

对于农村教师读书，校长的评价导向尤其重要。我有一个观点，对现行整个评价体系的架构，校长也许还无能为力，但是校长作为一校之长，完全可以在自己的地盘上，对阅读的倡导与推动作出一些积极的探索和变革。

比如，着眼教师的专业成长与发展，建立教师阅读档案和阅读素养综合评价体系，健全教师阅读考核、阅读激励、阅读段位晋级机制，以此唤醒教师的阅读意识，激发教师的阅读潜能，迸发教师的阅读热情，让教师人人都爱阅读、会阅读、善阅读，都拿起书本阅读。

我曾经说，一个校长哪怕什么都没做，但他只要能做一件事，这件事就是让校园书香四溢，能让每一个教师都喜爱上阅读，便功莫大焉！

四、阅读助推了农村教育高质量发展

在我的教育行走中，发现了很多农村学校与区域，因为重视阅读，因为不遗余力推动阅读，让教育得到了高质量发展。

前两年我去过江苏省新沂市马陵山镇钟吾小学，这是一所地地道道的农村学校。他们这些年一直开展师生全员阅读，用阅读提升

师生的精气神，用阅读改变教育的样态，用阅读助推教育的高质量发展。

为了推动教师阅读，他们一方面营建绿色书香校园，使校园更具人文底蕴。另一方面通过书籍漂流，师生共读和同伴伴读，并开展丰富多彩的读书活动，引领教师阅读，帮助教师爱上阅读。学校创办的"馨园阅读大讲堂"，教师们踊跃走上讲堂，分享自己的读书心得、成长感悟、带班经验和教学点滴，让教师们的每一寸时光都因阅读而有意义。

曹刚校长说，他们这些年一直坚持这样做，他们坚信，喜欢读书的孩子是不会砸玻璃的，喜欢阅读的教师师德教风是不会差的。他们通过教师的阅读，让教师有了不一样的生命底色，让孩子有了不一样的生命状态，让一所农村学校也有了它不一样的姿态风采，让古老的钟吾大地焕发出了它应有的希望与活力。

在一些地方的农村教育徒显荒凉，敝不忍睹，而四川省大邑县的农村教育却欣欣向荣，繁花似锦，一派生机盎然，呈现着一种"美丽"，彰显出一种"温度"，带给人们的是一份美好。这应归功于阅读！

但凡到过大邑县的农村学校，不管是上千人的大学校，还是两三百人的小学校，哪怕是仅有几十个孩子的小规模学校，都是书香校园，都有咖啡书吧、阳光书屋、教师书房、成长书斋、温馨书角，都通过建开放式书架、书壁、书橱、书柜，让书香弥漫校园，让书到处漂流，都能够做到师生随手可拿，随时可取，随地可读，都弥漫着浓厚的阅读氛围。

这些农村学校的校长都喜欢阅读，都是读书人。在校长的引领下，老师读书，老师带着孩子一起读书，老师陪着孩子共同读书。他们认为，比写作业更重要的是阅读，比考试排名更有意义的是阅读，比资金投入更实惠的还是阅读。他们把阅读变成了"越读""悦读"，他们用阅读点亮孩子人生，用阅读奠基教师职业幸福；他们用阅读改变了教育生态，用阅读成就了教育美好；他们用阅读促进了农村教育高质量发展，用阅读让乡村教育美丽而有温度！

五、让阅读为教育高质量发展助力

"如果不读书，行万里路也不过是个邮差。"如果我们农村教师教一辈子书，却不读书，到头来也许只不过是个教书匠，永远成不了名师和良师。更重要的是，这让城乡师资的差距越拉越大，让城乡教育的差距越拉越大，让农村教育的高质量发展，成为一句永远的空话。

拿起书阅读吧，让阅读改变农村教育，让阅读助推农村教育高质量发展!

  当然,阅读不只是对农村教育的改变,对农村教育高质量发展的助推,更关乎着整个教育的改变,是整个教育高质量发展的助力!

第二十二讲

让乡村小规模学校成为点亮乡村的『庠序之光』

2021年的中央一号文件中提到，要提高农村教育质量，保留并办好必要的乡村小规模学校。

中国的希望在乡村，乡村的希望在乡村教育。乡村教育，既是乡村孩子与他们家庭的希望，也是乡村的希望，没有乡村教育的发展，就没有乡村的美好未来。乡村教育在乡村的经济社会发展中起着基础性、先导性的作用。

试想，如果我们的乡村教育因撂荒、抽空而走向凋敝，让乡村丢了根，不管当下的乡村看似怎样繁花似锦，怎样景象万千，怎样面貌一新，最终将会因缺少一种魂而让乡村的情感渐渐消失，让乡村的文化渐渐消忘，让乡村的活力渐渐消却。

一、乡村教育的希望在乡村小规模学校

教育现代化的发展势态和城镇化加速发展的形态，决定着乡村小规模学校将是未来乡村教育的常态。

据《中国农村教育发展报告2017》显示，2016年全国不足百人的小规模学校共计12.31万个，其中，乡村小规模学校有10.83万个，占乡村小学与教学点总数的56.06%，占全国小规模学校总数的87.98%。

假设一下，如果没有这些乡村小规模学校的支撑，如果把这些乡村小规模学校都消灭掉，如果忽视和淡化这些乡村小规模学校的发展，还会有真正意义上的乡村教育发展吗？

因此，未来现代教育的发展，我们必须面对并接受乡村教育以小规模学校为主体的这一基本认知和客观现实。

乡村小规模学校虽"小"，但是却有着得天独厚的优势，教学方式灵活，教学资源充足，互动性强，参与度大，便于开展人本教育和个性化教学。

乡村小规模学校即使学校条件差些，师资水平低些，但乡村学校有其天然的"地缘优势"和"资源优势"。那充满乡土气息的环境，本身就是最鲜活的教材，也是青少年成长的沃土；那美丽的大自然无疑是一座座宝藏，孩子们沉浸其中，闻花香，听鸟语，品野果，掬山泉，看白云，捉知了，捕鱼虾，这一切便是上天送给乡村孩子最好的礼物；还有那淳朴的乡风、民风，质朴的亲情、友情，朴实的乡土文化、民间艺术和乡土活动，会给孩子们良好的熏陶和影响，这些既是最好的课程，也是最好的教育。

我以为，乡村小规模学校更适合做乡土化、自然化、生活化的教育。

而且，通过这种乡土化、自然化、生活化的教育，一方面让乡村孩子留下乡音，记住乡愁，但这并不意味着把孩子一定要捆绑在这片土地上，而是说孩子们今后有出息了，有作为了，无论走多远，飞多高，在他的心中会永远澎湃一种难以忘怀的乡情。也就是从小会在他们的骨子里烙下对乡村那种血浓于水的朴素情感，从而让他们能够留下乡根，不丢掉乡魂，找到一种归属感和认同感。另一方面会让孩子们变得开朗乐观、阳光自信、活泼可爱，而且有着丰富的想象力和创新品质。

法国思想家、教育家卢梭的自然主义教育思想认为，儿童在15岁之前，如果能远离城市喧嚣归于自然，在农村接受最纯朴、最简单的教育，不仅有助于保护孩子的好奇心、想象力，而且对于保持人的单纯乃至善良天性都很有好处。

二、乡村小规模学校让乡村温暖、踏实

然而，令人遗憾的是，不少地方却没看到乡村小规模学校的潜在优势，他们把乡村小规模学校的"小"，视为一种乡村教育发展的束缚与羁绊，要么在算投入与产出账中，将其合并撤掉，要么觉得人少，办不出活力和特色，不闻不问，漠不关心，让其自生自灭。

教育不是工厂，不能简单追求效益，也不能简单地计算投入产出比。教育是育人，是良心活儿，是千秋伟业。

乡村小规模学校关乎乡村千万生命的教化与成长，关乎乡村万千孩子的生存与未来，关乎乡村教育的前景与发展，关乎乡村的全面复兴与振兴，甚至关乎国家和民族的兴旺与昌盛。我们要学会算这样一笔摆在桌面上的大账！

对乡村来说，每一个乡村小规模学校，便是一堆火；每一个老师，便是一盏灯；每一个孩子，便是一颗星。那火光，那灯光，那星光，虽然暗淡，却是烛照中国乡村的一丝光亮，让乡村温暖而踏实，充满着无限的希望。

现实中存在的乡村小规模学校，哪怕只有一个学生，依然可以有它存在的价值，依然可以成为点亮乡村的"庠序之光"。

正因为如此，中央一号文件明确"保留并办好必要的乡村小规模学校"。

三、多管齐下，办好乡村小规模学校

那么，怎样办好乡村小规模学校呢？我想，应该把握以下几个方面。

第一，在发展定位上，乡村小规模学校不可盲目撤点并校，但是"遍地开花"也不是乡村教育发展的理性选择。

乡村学校的凋敝，乡村学校及学生数量出现断崖式下跌，并非只是城镇化、都市化潮流带来的结果，而是一些地方在发展定位与规划上不科学造成的。

对乡村学校的发展定位，我们应该本着必要、合理的原则，科学预测人口变化趋势，充分考虑当地群众的现实需求，在确保乡村孩子就近入学的前提下，最大限度地实现发展规划的科学性与实用性。

小规模学校的"小"只是小在规模上，我们不能因为"小"而降低学校的建设标准，也不能因为校点分布的散、远、偏，就把它们当成教育发展的负担，而应该根据每一所乡村学校的地域特色、历史沿革、文化底蕴，把每一所乡村小规模学校建成独一无二的、孩子们喜欢、村民们向往的文化高地，给每一个农村家庭带去希望，让每一个乡村孩子快乐而幸福地成长。

第二，在政策兜底上，对乡村小规模学校要高看一眼，厚爱三分，倾力倾情，雪中送炭。

建立小规模学校公用经费"兜底"保障机制，以确保小规模学校经费充足，能够正常有序地运转；设立乡村小规模学校政府专项资金，有效保证教育资金的及时拨付和合理调控；加大信息技术投入，全面提高乡村教育的现代化水平，实现优质教育的资源共享，推进教育的真正公平。

在阆中,应该是在2006年国家刚开始实施义务教育经费保障机制时,我们便实行了经费兜底保障,当时我们明确,凡是学生人数低于300人,哪怕只有几十个孩子,我们都按20万元经费保底拨付。

第三,在办学策略上,应该着眼于朴素而幸福,办一所孩子们喜欢的乡村学校。

应该用乡土文化去装点校园。一个校园什么都可以没有,唯一不能没有的是文化。决定校园品位的,绝不是漂亮的楼房,宽阔的塑胶跑道,也不是装备精良的设施设备,更不是生硬的分数,冰冷的制度,而是校园文化。

乡村校园文化,不需要高大上,完全可以利用乡土的材料,乡土的资源,比如泥土、砖瓦、石块、蛋壳、木棍、纸浆、大豆、毛线、废旧纸箱、饮料瓶等,靠师生自己动手,用心用智,装点校园,美化环境。让乡村校园文化体现所在地属性,具有乡土气息、乡村味道,成为传承乡村文化、辉映乡村文明的一张靓丽的名片。

应该用阅读去点亮乡村师生的人生。阅读照耀梦想,阅读辉映乡村,阅读成就非凡。通过图书的漂流,读书活动的开展,读书氛围的营造,教师读书的示范引领,推进乡村书香校园建设,让书香飘逸校园,弥漫校园的各个角落,用书香唤醒乡村孩子沉睡的生命潜能,用书香滋养乡村孩子的精神发育,用书香助推乡村教师的专业成长，用书香促进乡村教育的生态改善，用书香给乡村小规模学校注入强劲的生机与活力。

应该用多彩的课程去充实乡村孩子的学习生活。没有个性化的乡土课程，就没有个性化的乡村教育。做适合乡村孩子的教育，就必须有适合他们成长的课程。可以建设劳动实践基地，研发与生产劳动紧密结合的"劳动文化课程"，去唤醒每个孩子的乡土记忆，让孩子们记住"被遗忘的乡愁"；可以研发立足于乡村民俗文化的"乡土文化课程"，为民俗文化的传承奠定坚实的基础；还可以研发"经典诵读课程""传统节庆课程""手工制作课程"等等，让乡村孩子学会动手与动脑，学会想象与创造，给他们一生有用的东西。

应该用开放的课堂去吐故纳新，探索学习。蒙台梭利曾说："大自然是24小时为孩子们开放的课堂。"大自然中的花草树木、虫鸟禽兽、山川河流、雷电雪雨，向孩子的好奇心、探索精神发出声声呼唤。打开校门，让孩子们走出校园，以大自然为教室，以田间地头为课堂，远取诸物，近取诸身，让孩子的心灵被自然滋养，让孩子的能力与智慧在乡土中增长，让对话、学习和交流在天地间发生。

应该用民俗活动去搭建师生成长的平台。乡村中的很多民俗活动，诸如跳房、斗鸡、捉老鹰、跳大绳、荡秋千、踩高跷、扭秧歌、滚铁环、抓籽儿、打陀螺等，都可以进校园，进社团活动。让孩子在参与中有身心成长的空间，有发展兴趣特长的舞台，有抬得起头来的自信，有热爱学校、热爱学习的理由，有被乡土陶冶、浸润的精神底色。让老师在陪伴学生成长中点燃热情、焕发激情，拥有童心，提高自己，远离职业倦怠。

第四，在评价导向上，应该变革单一的分数评价方式，要根据乡村小规模学校的持续发展和乡村孩子全面发展的需要，建立有效的评价机制。

评价很重要，有什么样的评价，就会有什么样的乡村教育。我们需要什么样的乡村教育，就去评价什么。

给我一个支点，我可以撬动地球。那么，撬动乡村教育改变的支点是什么？那就是评价。

发展乡村小规模学校我们应该关注质量，不能忽视质量。质量也是乡村小规模学校赖以生存的生命线，但是我们需要的质量应该是全面的质量、绿色的质量、和谐的质量、整体的质量，而不是只有分数的质量。

乡村小规模学校要办出生机，要能够在广袤乡村大地上盎然屹立，就绝对不能只拼分数，也绝对不能唯分数是从，我们要有勇气打破以分数、成绩和升学为唯一考量标准，给乡村孩子以更多的发展可能，给每一个乡村孩子生命有枝可依，要痛下决心打破"统一化""标准化""模式化"的思维定式，给予乡村小规模学校更大的生存和生长空间，以充分激发乡村小规模学校的办学活力。

然而，乡村教育在很多地方还是一味地靠刷题、考试支撑，评价的法宝是分数，这就带来乡村教育的应试属性和功利化，让乡村办学陷入应试的沼泽泥潭，让乡村孩子失去了个性化发展，让乡村教育的生态日益恶化。

过去我在阆中从事区域管理，小学三年级以下取消纸质考试，我认为学前教育、幼儿教育不但不能小学化，相反我们的小学教育特别是低段还应该幼儿化。取消纸质考试，我们通过给孩子们营建一些场景，考核与考查孩子们对知识的简单认知、习惯养成、合作意识，以及他们的想象力。

小学三年级以上纸质考试，成绩只占50%，其余50%由5个10%构成，包括孩子们的操行表现，身体素质，艺术课（美术、音乐、书法以及戏剧课）的学习情况，动手动脑（科学实验、小发明、小创造、科技作品制作等）情况，另外一个方面就是孩子们的个性特长展示。

我们通过这样的综合成绩，评价学生、评价老师、评价校长和乡村学校，从而撬动乡村教育的改变，让乡村教育有了一个好的发展面貌和生态。阆中"朴素而幸福的乡村教育"在当时享誉全国。

第五，在教师短板的解决上，应该建立行之有效的激励机制，突破制约乡村教育的发展瓶颈。

城乡教育的差异，从某种角度讲，已不是硬件的差距，而是师资的差距。现在一些优秀教师不愿意到乡村去，已有的一些优秀教师留不住，孔雀东南飞，再加上各级割韭菜式的考调，让乡村教师结构老化、师资紧缺。

前不久，我在调研中，中部某省的一些乡村学校校长告诉我，说他们学校一年的几十万生均公用经费，因为缺老师，每年用于代课教师支出的代课费就要花去近三分之二，剩下的经费很难保证学校的正常运转。

不少乡村学校不仅师资紧缺，学科不配套，艺体教师缺乏，而且勉强留下的乡村老师，在那样的氛围中，也得过且过，安于现状，不思进取，失去教书育人的热情，缺乏自我成长的愿望和动力。

发展教育必先发展教师，发展乡村教育必先发展乡村教师。发展乡村教师首要的是提高乡村教师待遇，落实相关倾斜政策和激励措施，特别是在职称评定、评优晋级、考核奖励、津贴补助上，应该尽可能向乡村小规模学校倾斜，以增强乡村小规模学校的吸引力，让更多的优秀教师愿意到乡村去，能够下得去、用得上、留得住、教得好。也就是能够扎根乡村，无怨无悔，心无旁骛，能够安下心来教书，静下心来育人。

湖南省江华瑶族自治县地处湘、粤、桂三省接合部，被称为"神州瑶都"。这个集"老、少、山、边、穷、移"于一体的县，年财政收入不到10亿元，却创造了惊人的教育奇迹，这里最好的房舍和建筑是学校，待遇落实最好的是教师，幸福指数最高的是乡村教师。

在这里，乡村学校都建成了教师公租房、周转房，教师年终绩效评估奖、文明县城奖、综治维稳奖与公务员一个标准发放，全县教师的年平均收入高于县内公务员6000多元，偏远乡村的教师每年享受的津贴比县城教师高出2万元。

在这里，由于建立并形成了"越往基层、越是艰苦、待遇越高"的激励机制，乡村教师和校长都不愿进城，不愿进机关，他们都能够心系乡村，扎根乡村，躬耕于乡村教坛，奉献于乡村教育，倾情地履行并诠释着神圣的使命与天职。

在这里，每一所乡村学校，包括村小、教学点，也包括大瑶深山里的小规模学校，除了校舍美观，还都有多媒体教室、小图书室和小食堂，有的还有标准的运动场和塑胶跑道。孩子们既实现了在家门口上学，又如城市学生一样，享有先进的教学资源。幸福的乡村教育生活，既让乡村孩子快乐成长，阳光自信，活泼灵动，又给乡村孩子们的父母减轻了负担，给他们家庭的改变带去了希望。更重要的是，这些乡村学校，在成为"乡村教育中心"的同时，又成为"乡村文化的中心"，这更给宁静而纯朴的乡村带去了一线生机，带去了一派活力，带去了一丝憧憬，带去了无限的美好！

"保留并办好必要的乡村小规模学校"，已经上升到国家高度，群策群力办好乡村小规模学校，我们责任在肩，必须勇于担当，主动作为。

未来教育的希望在乡村教育，在乡村小规模学校，办好乡村教育和乡村小规模学校，一定大有可为，大有作为！

第二十三讲 乡村儿童发展与乡村儿童教育

乡村儿童的发展应该是一个时代的命题，如何破解，当然在于教育，在于构建一种适合乡村儿童发展的教育。

一、乡村儿童发展真的很重要

儿童是祖国的花朵，也是民族的未来。可以说，儿童的境遇反映一个民族的高度，也体现一个国家文明的程度。

乡村儿童是儿童群体的重要组成部分，是未来乡村的建设者，也是乡村发展的重要支撑者。

乡村儿童是乡村的美好明天，是乡村的希望所在。我曾经在一篇文章中写道：在那群山环抱之中，能够有一面五星红旗迎风招展；在那鸡犬相闻的地方，能够清晰地传来琅琅书声；在那阡陌交错的田间地头，能够邂逅一队队背着书包戴着红领巾的活蹦乱跳的乡村儿童，整个乡村或许一下就活了，就有生机了，就有梦想了，就有希望了。

可以这样说，对于偏远的乡村来说，每一个乡村儿童，便是一颗星。那星光虽微弱，却是烛照广袤乡村的一线微茫，让乡村有了温暖，也让乡村充满了期待和活力。

发展好乡村儿童，让乡村儿童健康快乐地成长，让乡村儿童成为他应该成为的人，不仅对于乡村儿童本身是一件功德无量的事，对于乡村乃至整个社会，都是功莫大焉。

首先，乡村儿童的发展是消除贫困的重要途径。真正阻断贫困代际传递的不是资金的投入、项目的实施，而是教育。教育的发展，特别是乡村教育的发展，能够托举起更多的儿童，圆更多的乡村儿童的梦，让他们能够人生圆满，圆梦家庭，让他们的人生多姿多彩，也让他们的家庭有了憧憬和希望。就像小说《平凡的世界》里孙少安对孙少平说的一句话："这个家里只要有一个上学的，这个家就有希望！"

其次，乡村儿童的发展也是达成乡村振兴、城乡一体化发展战略的基本前提。乡村教育既是乡村社会事业，也是重要的民生事项，是落实乡村振兴、城乡一体化发展战略的重要资源。推动乡村教育更优质、更充分的发展，将直接推动乡村儿童的发展。而乡村儿童的发展，必将为乡村全面振兴和城乡一体化发展，提供基础性的人力支持和先导性的智力支撑。

最后，乡村儿童的发展更是实现两个一百年中国梦的根本保障。教育事业改革和发展最艰巨、最繁重的任务在乡村，最坚实、最深厚的基础也在乡村，最大的潜力和最大的空间更在乡村儿童。逐梦中华，实现两个一百年的中国梦，不仅不能让乡村教育荒芜，不能让一个乡村儿童落下。更为关键的是，只有乡村教育的复苏，乡村儿童的全面发展，才能对我国全面推进教育现代化、建设教育强国奠定基础，也才能为实现两个一百年中国梦的伟大使命提供根本保障。

二、乡村儿童发展中的教育瓶颈

1. 社会教育层面的瓶颈

首先，社会转型和城镇化的进程所引发的乡村留守儿童问题，已经成为一个重要的社会现象，甚至成为一个值得关注的社会问题。留守儿童作为一个未成年的社会群体，价值观没有形成，对是非还没有一个判断，他们尚处在人生成长和社会化的关键期，对他们的监护与教育问题，构成了他们成长和发展的核心问题。

其次，乡村社会的嬗变导致农村的中坚力量流向城市，乡村的弱化和凋敝，削减了乡村文化的发展与传承，乡村文化从某种意义上讲，被贴上了"愚昧""落后""萧条"的标签，乡村发展与乡村传统文化、历史记忆出现了断裂。

随之而来的是对乡村儿童的影响。文化的力量很强大，文化是最好的教育，乡村文化是最好的乡土教育。乡村文化的弱化与没落，使得乡村儿童失去了民间传说、神话故事、民歌民谣的教化，失去了乡间真挚的亲情、友情的浸润，失去了乡村淳朴的民风、乡风、村风的熏陶。最终，乡村原有的这些弥足珍贵的文化内涵与价值逐步被蚕食、被淡忘，乡村生活逐渐失去了应有的精神内涵和文化魅力，也慢慢丧失了对乡村儿童的凝聚力、吸引力、感召力。

最后，农村文化生活单调贫乏，一些腐朽、庸俗的文化顺势而上，无孔不入，导致黄、赌、毒、封建迷信、网络暴力等不良文化呈现滋长蔓延之势，这些不良文化的蔓延，对乡村儿童的侵蚀，又加剧影响乡村儿童的人格认知和价值观的形成。

2. 家庭教育层面的瓶颈

父母外出务工，数千万乡村儿童与父母长期分离，这些留守儿童缺乏童年应有的亲情抚慰、教育和关爱，缺乏相应的沟通和安全感，造成乡村儿童性格缺陷、心理障碍、行为偏差，屡见报端的自杀、性侵、失踪、意外死亡等现象，令人触目惊心。

有的家长虽常年在孩子身边，却对孩子很少关心，即便关心，也只是关注孩子的学习成绩，只关注孩子的考试分数和排名，只关注孩子在物质上的需要。然而在孩子的成长中，比分数和物质更重要的东西，是孩子真正的内心需求，是父母对孩子的真正陪伴。

现在的家庭教育说教比较严重，家长要求孩子必须怎么做，但是不少家长自己却根本做不到。比如要求孩子读书，家长却从来不读书；不准孩子玩手机，家长却成天刷着手机；叫孩子别睡懒觉，家长自己睡懒觉，还对孩子说你不要跟我比；逼着孩子学习，要考名牌大学，光宗耀祖，自己却撂下孩子，通宵达旦地打着麻将。有的父母甚至打麻将，还带着孩子在旁边写作业，孩子作业没写进去，麻将却学得挺精通。

当然，也还有家长对孩子的教育缺乏正确的方法，要么讽刺挖苦，棍棒侍候；要么唠唠叨叨，喋喋不休；要么娇惯放纵，过分溺爱；要么一味攀比，习惯拿自己的孩子和别人的孩子作比较。

3. 学校教育层面的瓶颈

一些乡村学校被办成了应试的工厂，乡村儿童则成了应试的机器，应试成了教育的唯一属性，单一的分数评价标准把不少乡村儿童丈量成了后进生，他们在学校里没有欢声笑语，不少乡村儿童慢慢失去了学习的信心和勇气。

更有乡村学校，为了提高分数，在单一评价机制的驱动下，竟然放弃对成绩差的乡村儿童的教育和管理。一些乡村儿童在学校待不下去，在家里面又是隔代照管，父母在外务工，爷爷奶奶又管不了，不得不流浪社会，成为家庭和社会的一个包袱。

还有一些乡村学校，不是立足于乡村办学，而是东施效颦，生搬硬套城市教育，一味复制城市教育，让乡村教育成了城市教育的盗版。乡村教育日益"城市化",城市现代教育的弊病蔓延到乡村,如节奏过快、学习压力过大、唯分数至上,以考试升学为中心,超前教育,过度竞争等,让一些乡村儿童更加厌烦学校,厌倦学习。

更为严重的是,乡村教育远离生活教育、自然化教育,导致许多乡村儿童变得鄙视乡土,看不起劳动,对乡村生活产生认同矛盾和认同危机,更不由自主地加剧他们背离生于斯、长于斯的"乡村世界",渴望着有一天逃离乡村。

三、探寻乡村儿童教育发展之路

1. 重建乡村文化

乡村文化既是农民生活意义与价值的来源,也是对乡村儿童生命的熏陶与孕育。乡村文化对乡村儿童具有较强教育功能,能够在一定程度上弥补乡村留守儿童家庭教育的缺失。

一方面要建设乡村公共文化,比如建设好农家书屋、乡村文化室、乡村农博馆,而且在节假日、寒暑假对乡村儿童开放,增加乡村生活的精神内涵,丰富乡村留守儿童的精神生活,促进健全人格的塑造,减少暴力、色情等腐朽文化对乡村留守儿童的侵蚀。

另一方面要注重挖掘、开发和保护优秀的乡村民间文化,为乡村儿童营建精神家园,培植乡村儿童的归属感和认同感,让有根的文化对乡村儿童进行"根"性教育,让留守儿童成为有"根"之人，让他们真实地生活在他们所栖居的乡村环境之中，亲近这片土地，亲近他们当下生活的世界，而不是一味生活在对未来跳出农门、逃离乡村的期盼之中。

2. 改善家庭教育方式

无数乡村儿童在教育的阶梯上逆袭着各自的命运，从现实来看，依靠的不仅是学校教育，更多的是家庭教育。

家庭是乡村儿童最重要的社会化场所，家庭教育是最好的教育，父母也是最好的老师。应该尽量保证家庭教育的完整性。儿童成长期的一些缺失会深刻影响其一生，而且是其他教育手段无法弥补，唯有父母和家庭教育的"在场"，最为重要。

父母为家庭生计作盘算，更要为孩子的成长作打算。孩子的成长大于天，孩子的成长更是家庭最大的生计。父母双双外出，抛下孩子，对孩子学业及成长影响很大。在考虑外出务工时，最好留一个人在家陪伴孩子的学习与生活。

父母的确需要都外出，最好把孩子带到务工地上学，便于承担教育责任。如若条件不允许带到务工地上学，也必须加强同孩子的联系与沟通。在联系与沟通上，不能只关注分数和成绩，而应更多地关心他们的心理与情感，关注他们的所思、所想、所为。

应该尽量懂得一些家庭教育常识。当父母门槛最低，甚至不需要任何资格，有些年轻人没有一点育儿常识，便稀里糊涂地当上了父母。那天开完会,回宾馆经过大堂,大堂里有一个会议提示牌,内容是宠物饲养培训会。我给同行的广西师范大学的孙校长、中国农村教育发展研究院的秦院长开玩笑说,现在养宠物都需要培训,而对于养育孩子的父母,我们却缺乏相应的培训,以至于不少父母缺乏必要的家庭教育常识。所以应通过家长学校,家校共育,加强对家长的培训教育。

应该尽量对孩子多一些陪伴。在孩子身边的父母,不能人在心不在,要多一些对孩子的陪伴。好的家庭教育,其实并不在于父母一定要有多高的文化,也不在于父母一定要对孩子见缝插针式地手把手辅导,而在于父母对孩子的陪伴。

父母抽点时间陪着孩子翻翻书,给孩子讲讲自己的经历和教训,说说自己的人生故事,放下手头的活儿,与孩子作一些平等的交流。这些都会润物细无声地影响着孩子,改变着孩子,塑造着孩子,这些都是父母献给孩子最好的教育资本。

应该尽量做到对孩子的言传身教。父母对孩子的教育,不是光提要求,也不是空洞的说教,更不是拳脚相加,而是父母的言传身教、以身作则和潜移默化。好的家庭教育是父母把自己做好,做最好的家长。

应该尽量不让家庭教育的河流受污染。如果把教育比作一条河流的话,父母对孩子的教育是上游,学校的教育是下游。上游的水质如果出了问题的话，下游的水也不可能好起来。

3. 办乡村儿童向往的教育

第一，把童年还给孩子。有什么样的童年，就有什么样的儿童，就有什么样的人生。

尽管很多乡村学校在校园里书写着"一切为了孩子、为了孩子的一切、为了一切的孩子"，但是在现实中却是一切为了分数。

一切为了分数，乡村儿童两眼一睁，便开始竞争；一切为了分数，乡村儿童便不惜一切，拼时间、拼身体，信奉只要学不死，就往死里学。

一切为了分数，很多乡村校长和老师都无数次地对乡村儿童这样说：一定要拼死拼活地学习，长大了才有出息。如果现在不掉肉，学习不好，以后长大了连个工作也找不着。

当下，不少学校除了一切为了分数，还有一个口号——一切为了安全。为了安全，正常的秋游、春游活动被取消了，对抗性较强的体育课上成了室内课，有的学校甚至禁止学生在学校玩耍。

我到某省某小学调研时发现，一群小学生下课后就扎堆蹲坐在教学楼墙角，两眼无神地望着远方，他们既不走动，也不跑跳，完全丧失了小学生应有的天性，应有的打闹和活蹦乱跳。

在另一所学校调研时，该校规定，学生课间十分钟，除了上厕所之外，其余孩子只能在座位上休息，不能走动。下午放学后十分钟内必须离开校园，否则按违纪处理。

童年像只彩色气球，可是在这样的教育方式之下，很多孩子的这只彩色气球还没有被撑开，还没有显示出应有的五彩斑斓，就这样空瘪着结束了。

曾记得我们那个时候在村小上学，尽管当时学校校舍破败、设施陈旧，但只要手摇的下课铃一响，我们便蜂拥着涌向操场，抢占乒乓球台或空地，整个校园里的孩子都在跑跑跳跳，打打闹闹，尽情地嬉戏玩耍，校园飘荡着笑声、欢呼声，充满着无限的生机和活力。

其实，奠定一个人人生基础的，是童年；给一个人成长打上精神底色的，是童年；一个人在未来的路上行走的如何，同样取决于童年。

乡村儿童的童年作为一种不可再生的财富，我们应该充分释放他们的天性，解放他们的眼睛、嘴巴、大脑、双手、时间和空间，让他们尽情游戏、玩耍，让他们拥有闲暇和放松，让童心伴随着他们的人生一直跳动下去，让他们拥有自己美好的童年，让他们因童年而感到一生很富有，永远值得留恋与回味！

第二，让每一个生命都有枝可依。没有爱，就没有教育。教育是心心相印的活动，教育不仅仅意味着知识的传授，还有心灵与心灵的交流。培育爱、激发爱、传播爱，以情动人、以情育人、以情化人，才能铸就乡村儿童正常的情感、高贵的精神。

　　长期以来我们的学校、家庭、社会太在意成绩分数，让教育变得僵硬，让孩子因为缺乏爱的滋养而患上"空心病"。乡村儿童特别是乡村留守儿童，特殊的家庭环境和生活背景，决定着他们更需要爱。对他们的教育更应体现一种关爱之心、仁爱之心、博爱之心，更应用教育之爱为他们播撒阳光雨露，为他们架设一条条爱的桥梁，铺设一条条爱的轨道，让他们感受到校园的美好，学习的美好，未来人生的美好。

　　没有个性化的教育，就没有真正的教育。每一个乡村儿童，都是上帝的宠儿，都是不可复制的孤本，他们性格各异，天赋不同，都蕴藏着巨大的潜能，他们都可以在生命成长领域里成为最好的自己，其前提是必须给他们适合的教育。

　　没有最好的教育，适合的教育才是好。有了适合的教育，就能发现每一个乡村儿童的特质，挖掘每一个乡村儿童的潜质，彰显每一个乡村儿童的个性，让每一个乡村儿童都抬得起头来，从而绽放出生命的花朵，结出丰硕的生命之果。

　　因此，我们应办好每一所乡村学校，教好每一个乡村儿童。对乡村儿童多一把尺子，多一种标准，多一份期待，乡村儿童就会多一线希望，多一些机会，多一种成长的可能。

　　第三，用阅读点亮乡村儿童的未来。良好的读书习惯，是一切习惯之母。乡村儿童有了好的阅读习惯，其他习惯再坏也坏不到哪儿去，成绩再差也差不了多少。一个乡村儿童有了好的阅读习惯，读的书很多，知识面很广，应付一下纸质考试那便是轻而易举的事情，获得一个好的分数，那更是额外的奖励。

作为乡村学校和老师，一方面要营造浓厚的读书氛围。营造浓厚读书氛围最好的办法就是把乡村学校图书室的书"请"出来，把书存放在校园里的每一个地方，让书漂流于校园的每一个角落，让书香弥漫于校园里的每一个空间，让乡村儿童做到随手可拿，随地可取，随时可读。

另一方面可以开展丰富多彩的读书活动。诸如读书演讲、读书沙龙、读书征文、师生共读、读书人物评比，相互交流书中的内容和阅读感受，给孩子展示读书成绩的机会，引导孩子接近书、多读书，培养对书的情感和兴趣，帮助孩子克服阅读障碍，以及养成持久的读书习惯。

特别是尽量引导孩子多读经典童话，因为经典童话里面有着超越时间的美，即美的心灵、美的情感、美的世界，有着孩子感到无限神奇的故事，这是童年的必要营养。

同时，乡村校长和老师应该带头读书，成为孩子眼中的读书人。最好的教育莫过于示范。美好的乡村教育就是有一个喜欢读书的乡村校长带领一群喜欢读书的乡村老师陪着乡村儿童一起读书。

乡村校长和老师喜爱读书，学生观察讲台前站立的这个人，是个读书人，就可能会对读书产生兴趣。

学生看不到老师读书的样子，只看到他的老师终日忙忙碌碌，抑或是无所事事，只听到他的老师一味地要求他读书，也许他很难感受到读书的趣味和意义。

我以为，只要乡村的儿童拿起书来读，把眼睛放到了美丽的书页上，一个美好的生命就已经诞生了，一个美丽的故事就开始演绎了，乡村儿童的世界就正发生着神奇的变化。

第四，乡村教育更应具有乡土的气息。乡村教育具有得天独厚的资源，清新的空气、淳朴的民风、美丽的大自然……乡村教育应该拥有自己的独特个性，应该弥漫着田园的味道。

卢梭曾说，孩子在十四岁之前，能够接受到乡土教育，对于孩子的心性培养、习惯养成、想象力呵护、品格的奠定都是有好处的。其实，我们只要成为教育的有心人，乡村无处不教育，乡村中很多资源都可以为我所用，成为最好的教育力量和素材。

校园文化可以立足乡村，充分挖掘地方文化，让各具特色的地域文化进校园、进教室，校园文化建设也可以从乡土取材，木棍、竹节、砖瓦、蛋壳、大豆、易拉罐、矿泉水瓶、废旧纸箱……都可以信手拈来，变废为宝，化"腐朽"为神奇。

特色课程也可以"在地化"，可以与一方水土联系起来，可以与乡村生活联系起来。"竹"渐成长课程、"豆"你乐课程、"豆"蔻年华课程、二十四节气课程、茶艺课程、劳动实践课程、乡土文化课程……这些都是很好的乡土课程。

课堂还可以面向乡土开放,孩子们走进大自然,奔跑、欢笑,捏泥巴、采野花,闻着青草香;来到小河边,泼水、嬉闹、捕蝌蚪、捉小鱼、数着小野鸭……乡村儿童在这个大课堂收获的是在教室和教材中所学不到的。

就连学校开展的社团活动都不必高大上,都完全可以乡土化。滚铁环、走五子棋、跳大绳、踩高跷……这些都是乡村儿童喜欢的带着浓浓乡土味的活动。

让乡土文化和资源,进校园、进课程、进课堂,成为教育内容,在对乡村儿童的教化中,作为乡村儿童发展的精神保姆,能充分地引导乡村儿童认知乡村,理解乡村,让乡村儿童留下乡音,记住乡愁,永远澎湃着一种乡绪。

第五,成人永远比成才重要。只有分数和排名的教育,忽视对乡村儿童学习兴趣、专注力、思维能力、好奇心的培养,淡化对乡村儿童心理、思想、品质和性格等方面的关注。

乡村儿童尽管有少许会实现人生的梦想,但绝大多数同我们一样会成为普通劳动者。乡村教育的真正意义在哪里?我以为,绝不是考一个高分数,也绝不是人人考名牌大学,更不是让我们的乡村儿童今后全部逃离乡村,而在于通过育人、育心、育生命,提升乡村儿童的素养,促进乡村儿童身心的全面发展。

叶澜曾说:"基础教育阶段,我们应该留给孩子什么?我觉得要留下明亮的心,要留下他对自己人生的一种向往、追求,这个太重要了。"她还指出:"再好的孩子,如果只知道'我就要考名牌(学校)',别的都不在乎。那就完了!他一定要知道,自己未来到底要成为什么样的人。"

乡村教育能够给乡村儿童留下一颗明亮的心,给他们留下一种对自己人生的向往和追求,即或成绩很差,是考试的失败者,哪怕今后上不了好大学,他今后至少能够成为一个有爱心、有责任,能够自食其力的劳动者,能够成为一个合格的公民。即或他今后成为一个打工仔,他都可以靠勤劳的双手打拼奋斗,让自己拥有一个体体面面的幸福人生。

从社会、家庭、学校几个层面发力,给乡村儿童以适合的教育,给每一个乡村儿童一片恣意生长的天空,让乡村儿童在这片天空之下,横刀立马,逆风飞扬,幸福而快乐地成长。

为乡村儿童发展所做出的一切努力,总有一天会在乡村儿童的身上映射出来,发挥不可思议的力量,我们也就功德圆满,问心无愧了!

第二十四讲

在尽力与不断追寻中,走向没有被污染的远方我认为,每一次遇见都是一次注定,都是一场庆典,都是一种给予生命丰盈的礼物。生命的美好,可以说就是由一次次美好的遇见组成的。

席慕蓉在《一棵开花的树》中写道:如何让你遇见我,在我最美丽的时刻,为这,我已在佛前求了五百年。

一、人生不外乎尽力和不断追寻

我在网上看到台湾的柯文哲先生《生死的智慧》的视频演讲。柯文哲本来是一个医生,重症医学专家,30多岁就当了台大医学院创伤医学部主任。他发明的叶克膜,相当于人造心脏,救活了很多重症心脏病患者,让无数患者起死回生。

可是后来也遇到一些患者,尽管装了叶克膜,但仍回天乏术,病人在四肢变黑中死去。

死去的病人家属问他:"为什么别人救得回来,我们的亲人却救不回来?"柯文哲却不晓得怎么回答。

到了五十几岁的时候,柯文哲终于想通一个道理——"医生是人不是神,我们只能尽力,仅此而已。"

柯文哲后来想到,大自然有春夏秋冬,园丁能不能改变这种规律?当然没有办法,园丁只能让花在春夏秋冬里面开得好看一点。一个医生有办法改变生老病死吗?当然也很困难。医生只是让人在生老病死之间活得好一点,仅此而已。

他最后终于大彻大悟,人一定会死,但是死亡不是人生的目的,人生就是一个过程,我们在这个过程中不断去追寻一个问题,这就是人生。

所以,我认为,人生就在于一种尽力,一种不断追寻,在尽力与不断追寻中,让人生的过程美好一些。

二、我在尽力,也在不断追寻

我的人生上半场,从大山深处的乡村学校走出,上了师范,然后又回到乡村学校,站了十多年讲台,为了乡村孩子的改变,我在尽力,在不断追寻。

当然,为了自己的成长,为了工作环境的改变,我也在尽力,也在不断追寻。

功夫不负有心人,机会也往往会垂青有准备的人。十多年的尽力和不断追寻,"日拱一卒"和"每天进步一点点",让我不仅在教育教学及管理上小有成绩,而且在坚持不懈的阅读与写作中有了一些成果,后来被阆中市委组织部发现,并通过考察离开教育界,在市委组织部、政府办、乡镇工作近十年。又于2005年10月回到了教育界,担任教育局局长近十二年。

这近十二年里,我应该是虔诚地做着教育,用心地做着教育,用整个心在做一个地方的整个教育,为教育的"朴素""幸福",我在尽力,我在不断追寻,可以说,我是把我生命的最美好年华给了一个区域的教育。

在做教育局局长之前,也包括在做教育局局长的时候,我都面临一些更好的发展机会,甚至在仕途的道路有可能走得更好、更远,但那不是我的价值取向。

我以为,一个人与今人相处时短,与后人相处时长,一个人的价值取向,不在于当多大官,也不在于挣多少钱,而在于做自己喜欢做的事情,做能够实现自己人生意义和人生价值的事情。

我能从大山深处,从没有任何人脉的农家小院走出,一步步走到现在,是教育改变了我,改变了我的命运,是教育给了我一切,我深知教育的重要性。

在从事区域教育管理的十多年里,看到教育的发展,学校的改变,孩子们的成长,老师们精气神的变化,随时在内心里都荡漾着一种幸福的感觉,而且这种幸福感,是其他任何东西都不可以替代的。

就是这样的潜移默化,大浪淘沙,当过滤掉世间的一切喧嚣与浮躁后,剩下的唯有教育了。

在初为人师时,我并没有明白教育与生命的密不可分,几十年后,我竟觉得教育与生命是那样的水乳交融、不可分割,甚至感觉教育就化作了血液,融入了自己的生命,教育便是自己生命的全部,教育特别对自己的味儿。用一个时髦的词汇,或者这就是情怀!

当我离开区域教育管理岗位,我便选择了学陶师陶践陶,选择了把过去所积淀的朴素而幸福的教育思想与实践架构,在更大的范围内做一些交流和探讨。也为此,开启了我人生中的下半场。

想到这些年来,随着社会的发展和国家对教育投入的增加,教育硬件上去了,办学条件也极大地改善了,乡村学校却在逐渐被抽空,乡村教育也在日益走向凋敝,一些地方的唯分数、唯考试、唯刷题,让基础教育乱象丛生。而且更可悲的是,不少教育人对当下教育的现实不仅没有反思,没有作出改变,相反还加入应试大军,推波助澜。作为一个有良知、有情怀的教育人,我感到自己肩上有一份推不掉的担子和责任。

四年多来,我没有停歇,我在不停地思考,不停地写作,尽可能以稚嫩而笨拙的文字给大家带去一些启发和帮助。

我也没有停下脚步，我背着教育的行囊，不停地行走，不停地寻找教育风景，在教育美好的地方驻足，在教育精彩的地方喝彩，在教育需要寻变的地方碰撞。

应该说，我在尽力与不断追寻中，用歪歪扭扭的文字和弯弯曲曲的一路脚印，把我对教育的思考与理解，对教育的追求与探索，写在了稿笺上，印在了大地上。

虽然一个人的声音很弱，力量很小，但我不是雪崩来临之时只知道埋怨其他雪花的那片雪花，也不是洪水泛滥成灾时仅在那里一味怪罪其他小溪的那条小溪，至少我在立足当下行动，立足自身改变，正如鲁迅先生所说的"在油锅里救孩子"，救一个，算一个。对学校和教育的影响与改变，我想的是，能够影响一个就影响一个，能够改变一个就改变一个。

其实，我们每个教育人都可以立足自身，尽一己之力，营造出局部的教育春天，若干个局部的教育春天组合与叠加，便会迎来教育的百花满园。

三、大家在尽力，也在不断追寻

哲学家说，"未来，是人心当中伟大愿景的复刻"。

而我们知道，低级的欲望通过放纵就可获得，高级的愿望通过自律方可获得，顶级的愿景通过"煎熬与合作"才可赢得。

面对未来的乡村教育改变的愿景，需要更多的具有相同尺码的人参与的一场堪称伟大的"煎熬与合作"。

几年来，大家没有任何行政命令，没有任何功利目的，就像舒婷的诗句——"只凭一个简单的信号／集合起星星、紫云英和蝈蝈的队伍／向没有被污染的远方／出发／心也许很小很小／世界却很大很大……"

一群人怀揣教育的梦想，心里装着价值的罗盘，选择与当下使命为伍，相约于山高水长，相聚于天南地北，"集合起星星、紫云英和蝈蝈的队伍"，在那每次聚集的地方，在那片古老的黄土地上，闪现了一个个智慧的灵光，演绎了一章章精彩的故事，也结下了一段段动人的情谊。

几年来，大家为擦星星而来，为熬制一锅石头汤而走到一起，以宗教般的情怀和堂吉诃德的勇气，把心的火种播撒在了广袤的乡村教育大地，以西西弗斯的虔诚与执着，把陶行知的教育思想，把乡村教育的鲜活案例，把乡村学校发展的美好蓝图，植入到了同路人的心田。

几年来，大家尽力、给力、助力，大家不断追寻、同心同向、突围突变，把对乡村教育的理解思考，变成了一个团队的具体行动，把对乡村教育的美好期盼，变成了一个个真实的教育现场，把对乡村教育的蓝图与愿景变成了一个个亮丽的发展成果。

我们原本卑微,因为心中的梦,因为一份使命,因为对美好教育的向往,我们没有沉沦,更没有让自己随波逐流,我们选择了改变,选择了挑战,选择了希望,因而我们的时光充满期待,生命更显庄严,生活注入意义,人生似乎也别有洞天。

所以此时此景,我最想说的是,感谢你,感谢我,感谢他,感谢学陶师陶路上的每一位同仁,是我们自己给了自己这份期待、这份庄严、这份意义、这份人生的别有洞天。

当然,我更要感谢你们,是你们的加入与同行,给了我人生的另一个舞台,也给了我人生下半场的另一种活法。这片天空,虽然少有聚光灯,但是却让我心中随时都弥漫着温暖,前方随时都闪烁着光芒,脑际随时都能听到生命成长的滋滋拔节!

四、一路前行,还需要不断尽力、不断追寻

教育在路上,教育的改变在路上,我们也已经在路上。

在路上,肯定会遭遇不少彷徨,邂逅很多无奈,甚至会经受一些艰难险阻,但比起沿途曼妙的风景,一路的目光期许,欢声笑语,还有相逢欣喜的拥抱,激动的泪水,大家在一起生命彼此的依偎,精神相互的支撑,这又算得了什么。

在路上,需要我们不断尽力,千万不要高估我们的力量,我们

所做出的一切努力，仅仅是在尽力。在尽力中担一份责任，尽一份使命，在尽力中图一个心安理得，问心无愧。

在路上，需要我们不断追寻。不断追寻，就是一种叩问，一种苦苦寻思，一种孜孜以求，一种不甘堕落，一种不满现状。在不断追寻中，让自己内心多一份丰盈，日子多一抹色彩，生命多一点优雅，人生多一种活法。在不断地追寻中，让乡村教育多一丝光亮，让乡村学校多一些生机，让乡村孩子多一点灿烂。

在路上，我们需要点燃梦想，萌动希望。梦想的明月，希望的光芒，会照亮前行的路途，给我们指引前行的方向。

在路上，我们需要寻找同道，寻觅知音，凝结心智，汇聚力量，让星星之火，汇成燎原之势，让涓涓细流，聚成波涛汹涌。

在路上，我们需要打点行装，随时出发，重新出发，再次出发，向乡村教育理想的彼岸出发，向没有被污染的远方一路进发。

在路上，我们需要信念坚定，矢志不渝，开弓没有回头箭，不管遇到什么困难和挑战，我们都不会停止前行的步伐。

或许，有一天我们会觉得，"世界很小很小，心的领域真的很大很大"；或许，某一天我们看到鬓发染霜的自己，会由衷地感到，光阴易逝，心灵却没有随着岁月的年轮变老。

第二十五讲 家长应该念好"双减"之下"七条经"

是不是"双减""5+2"落地,家长就可以"躺平",高枕无忧了?是不是家长就可以万事大吉,当"甩手掌柜"了?

很显然,不是的,也不能。孩子的成长,并不是学校和老师单方面的作用可以完成的,必须形成"家校共育""家校同责"的良好氛围。那么,在"双减"下,家长应该怎样念好"家庭教育经"呢?

一、陪伴是最好的教育

陪伴是最好的教育,也是孩子最好的成长。

优秀的孩子都是"陪"出来的,幸福的孩子都是"伴"出来的。父母用心、细心、耐心、精心陪伴孩子,是孩子生命中必不可少的养料和精神慰藉。

过去,家长陪伴孩子大多是上辅导班,是写作业,现在"双减"后,孩子可支配的自由时间多了,家长陪伴孩子的方式同过去不一样了。

陪孩子运动，陪孩子劳动，陪孩子看电影，陪孩子做游戏，陪孩子逛书店，陪孩子参观博物馆，陪孩子走进大自然，陪孩子欣赏天高云淡，流水潺潺，陪孩子感受碧波荡漾，层林尽染……

这些陪伴虽然不能帮助孩子直接提高分数，却在当下，能释放孩子的天性，愉悦孩子的身心，让孩子尽情地享受快乐的时光和幸福的童年；在未来，能帮孩子积淀一生有用的东西，成为孩子受益终身的宝贵财富。

二、再好的老师也比不上父母的言传身教

如果说知识主要是在学校学到的，那么孩子的品性与德行多是在家庭中形成的。

最好的感染莫过于示范。父母以身作则，率先垂范，为孩子做好榜样，孩子就能从父母身上汲取源源不断的成长能量。

有一句话说的是，再好的学校，也比不上家里的书房；再好的老师，也比不上父母的言传身教。

教育是言传身教的事业，父母给不了孩子好的示范，孩子就很难成为父母要求成为的那样的人。

遗憾的是，不少父母只会向孩子提要求，却从不要求自己，要求孩子读书，自己却从不读书；要求孩子不玩手机，自己却成天刷

着手机；要求孩子不说脏话，自己却脏话连篇；要求孩子考高分，自己却不求上进。

家长作为孩子的第一任老师，永远的老师，除了给予孩子学习与成长中的及时引导、开导和指导外，更为重要的是，必须在孩子的习惯养成、品德形成、情绪控制、心态调适、精神塑造、毅力锻造等方面，给予言传身教、身先士卒，起好榜样与示范的作用。

三、督促是最大的尽责

"双减"后，没有书面家庭作业，但并不等于没有家庭作业。老师们通常会布置一些"口头作业"，比如，读读课文，背背古诗文……还有一些"实践作业"，比如，做家务、做手工、做公益、做社会调查……这些作业，富有弹性，难以量化，也很难逐一检查，靠的是学生的自律和自觉。

但是对于中小学生，特别是小学生来说，有多少孩子具有天生的自律性和自觉性呢？这当然需要家长随时的督促，长期的督促，经常性的督促。

在督促中，体验非书面作业的乐趣，完成相应的"弹性"作业；在督促中，由不自觉到自觉，由不自主到自主，让孩子的良好的自觉性日益养成，自主学习的习惯逐步形成。

四、阅读，从亲子共读开始

在学校，可以师生共读；在家里，需要亲子共读。

孩子的阅读，是从亲子共读开始的。亲子共读，不仅是一种阅读方式，也是家长和孩子亲密相处的方式，更是家庭教育中一道曼妙的风景。

在亲子共读中，促进父母和孩子之间相互理解，增进亲子感情；在亲子共读中，让同一个屋檐下的人有着共同的语言，共同的精神世界，共同的心灵密码；在亲子共读中，让孩子体验"岁月静好"，阅读的美好，慢慢养成良好的阅读习惯；在亲子共读中，让父母和孩子得以相互学习，互为促进，共同成长。

五、关注，对孩子长情的爱

家长不应该只关注孩子作业做没做完，孩子又考了多少分，孩子在班上排多少名。除了关注这些，家长应该更多的是关注孩子的身体健康，孩子的心理状态，孩子的行为习惯，孩子的快乐幸福。

我认为，孩子的成人永远比成才重要，孩子的成长永远比成功重要，孩子的快乐健康永远比分数和排名重要。

就像电影《你好，李焕英》中的台词一样："我的孩子，我就让他健康快乐就行了。"

大自然赋予了不同的孩子不同的禀赋和特长，不同的爱好与天性，不是所有孩子都可以考满分，也不是所有孩子都可以上名校；不是所有孩子都能够成为科学家，也不是所有孩子都能够当明星。就像大自然为鱼儿提供水塘，为鸟儿提供树林，为骆驼提供沙漠一样。

每个孩子都是独一无二的天使，既然他们生来独特，又何必非得按照统一的模式，按照唯一的分数标准，把他们培养成同一个模子做出来的人呢？

即便是家长关注孩子的成绩与排名，也不能拿自己孩子的成绩横向去与别的孩子做比较。这样比的结果永远会有后进生，也往往会把很多孩子的自信心比掉。

如果从纵向上对孩子的成绩和排名进行比较，拿孩子现在的成绩与过去比，只要今天的成绩比昨天有进步，明天的排名比今天有前移，我们就应该给予肯定。

六、理解，开出绚烂的家校共育之花

落实"双减"，推行课后服务，无形中拉长了教师工作时间，更增加了教师的工作压力和负担。教师默默地做了"双减"的兜底者，比过去担当了更多的责任。

而家长呢？家庭培训支出减少了，亲子关系和谐了，家庭幸福感增强了，家长自己接送孩子的时间合适了，原本漫漫长夜辅导作

业的"鸡飞狗跳",也变成了"母慈子孝"了。

家长在享受"双减"的"红利"的同时,更应该尽量读懂学校老师的不容易,理解老师的艰辛,对老师的工作尽可能给予支持,不要动不动就告状,动不动就大闹校园,动不动就刁难责怪老师,甚至谩骂侮辱老师。

家长对老师的理解与善待,既反映出自身素质修养,又体现出尊师重教的良好风尚,更是为了对孩子的教育,对孩子的成长。

七、提升,给孩子搭建成长的"脚手架"

过去家长对孩子的教育,差不多都是图省事,掏钱把孩子甩给培训班了事。现在学科培训班没有了,对孩子的教育,很多方面将回归到家庭,回归到家长。

一些家长在育儿路上不管是理论知识,还是实践经验都少得可怜,出现了本领恐慌,遇到了孩子的教育问题,往往束手无策,除了吼骂,便是棍棒加拳头。特别是不少家长面对突如其来的教育变革,更是不知所措,倍感迷茫。

因此,"双减"后,家长们自身应该有学习的欲望,有进取的盼望,有成长的愿望,有提升的渴望。尽可能参加一些家长培训班,多听一些家庭教育讲座,多关注一些家庭教育公众号,多买一些家庭教育图书自学,多和周边有家庭教育经验的朋友们交流探讨。

家长自己的水平提高了，自己教育孩子的素养提升了，才能树立科学的教育观与质量观，才能从根本上解决孩子的家教问题，才能让家庭教育更好地配合学校教育，给孩子搭的"脚手架"自然也就更稳了。

家长虽然知道"减负"对于孩子来说是一件好事，但孩子毕竟还要面对升学的压力，心里仍然会感到担忧和不安，对这种"双减"下家长产生的新的焦虑，如何破解，我想，念好这"七条经"，或许有效！

第二十六讲

"双减"下,切实发挥学校教书育人主阵地作用

"双减"政策下,教育职能将由过去社会承担的一些责任,完全转向学校,学校将承担更大的责任和使命,也将面临来自家长和社会的更高期待,学校更应该责无旁贷地担负起教书育人的主阵地责任。

　　那么,学校如何担负起教书育人的主阵地责任呢?

一、做更加理性的教育

　　一味追求分数的教育,扭曲了教育的本质,让教育失去了应有的理性,也让教育在反教育的路上越走越远。

　　做理性的教育,就是要探寻教育本真,追寻教育的终极目标,让教育回到原点;就是要坚持五育并举,立德树人,让孩子成人,成为他应该成为的那样的人;就是要尊重教育规律和孩子身心成长规律,释放孩子天性,彰显孩子个性,让孩子身心得到解放,把快乐和童年还给孩子;就是要捍卫教育常识,立足平常,不喧嚣浮躁，于点滴浸润中春风化雨，静待花开，着眼日常，不标新立异，在朴朴实实中呵护好每一个孩子，过好每一个教育日子，基于恒常，不急功近利，从常态与常规的坚守中，做真教育，真做教育，把教育做真，回归正常，不拔苗助长，以顺乎自然和包容的心态，看待分数，对待孩子，恢复和重建教育的良好的生态。

二、追求更加理想的课堂

课堂，不仅是学习的乐园，更是成长的乐土，不仅是减负的支撑，也是提质增效的关键。

我认为，当下教育首要的问题还是课堂上的问题，课堂的呆板，课堂的无趣，课堂的压抑，课堂的封闭，课堂的低效，从某种程度上讲，推波助澜了校外培训机构，也无形中加重了孩子的课业负担。

当务之急就是要变革传统课堂，转变教与学的方式，把课堂还给孩子，让孩子成为课堂的主人，通过调动孩子的学习兴趣，激发孩子的思维和内生力，让孩子在主动学习、能动学习、合作学习、探究学习、愉快学习中，既学足学够、学懂学会知识点，又学会学习和思考，培养其终身学习的意识和能力。

只有课堂变得理想而高效了，才能保证学校教育的"轻负"与"高质"。如果课堂没有变化，仍然停留于一味灌输，学生的负担不说"双减",就是"全减",也许都难以收到实效。

三、建设更加高效的教师队伍

教师是学校的生力军,是变革教育的重要力量,发展教育必先发展教师,"双减"能否落实落地,最终仍取决于教师。建设一支学高为师、身正为范的教师队伍,是实施"双减"的先决条件。

一方面,给老师减负,让老师能够心无旁骛做好本职工作。"双减"之后,老师的担子更重、压力更大,特别是课后延时服务和托管,无形中增加了老师的工作时间。

我经常说,老师是人,不是神,老师要养家糊口,要正常生活,要照顾家庭和孩子,而且老师除了每天上几节课,还有课前课后很多隐形工作要做,诸如备课、作业批改、个别辅导、谈心谈话、家校沟通……

当下特别是形式主义之风所带来的各种非教学任务,对老师的影响和干扰,让老师既失去了一张宁静的讲桌、一个安静的讲台,又让不少老师压力很大、身心俱疲。

职业角色的要求与老师现实的生活状态的冲突,很难让老师静下心来教书,潜下心来育人。当然,有可能更难提升工作效率,更难实现"双减"预期。

因此,教育内外、学校上下必须形成"为学生减负,必先为教师减负"的共识，尊重教师工作的独特性和专业性，敬畏教师工作的复杂性和创造性，尽力减少教师非教学和隐性工作任务，尽力消除各种形式主义的东西对教师的无休止折腾。

另一方面，坚持"教师第一"，让教师站立于学校的中央。尊重教师，信任教师，以人为本，给予教师群体更多的关注和关怀，激发教师的活力和创造力，焕发教师的工作热忱和激情，让教师把"双减"内化为自觉的行动，转化成源源不断的动力，对本职工作更热爱，对教书育人更全心投入。

同时，尽最大努力给教师创造各种有利条件，搭建各种专业成长平台，提供各种交流学习机会，让教师专业得以发展，素养不断提升，锻造出一支能够担当"双减"使命的教师队伍。

四、创新更加丰富的课后服务载体

课后服务不仅仅是看住孩子，也不仅仅是单纯解决孩子放学后无人接的问题，而是真正推动"双减"的一个有力抓手和重大举措。

可以这么说，课后服务的质量如何，最终决定着义务教育阶段学生的课业负担和校外培训负担的减轻状况和程度。

因此，应不遗余力创新课后服务载体，优化课后服务形式，丰富课后服务内容，让课后服务成为困难学生补习辅导的"平台"；

成为学有余力学生拓展学习空间的"灶台";成为有特长爱好学生凸显个性、张扬天性、放飞自我梦想的"舞台";成为所有学生参与文体、阅读、兴趣小组及社团活动,为他们提供更加多元化的成长路径和成长方式,促进他们全面而健康发展的"跳台";成为让家长认可支持,社会首肯满意,充分展示学校风采和形象的"窗台"。

五、达成更加密切的家校合作模式

过去,很多家庭由于缺乏相应家庭教育的文化基础和氛围,便掏钱把家庭教育的责任交给了校外培训机构,如今校外培训机构受到严格管控,家庭教育少了社会力量的"加持",家庭教育为此将回归于家长,家长必须配合学校和老师做好孩子的教育,如今已经提上了重要日程。

社会上其他行业都需要持证上岗,遗憾的是父母却是唯一不需要持证上岗的职业。不少年轻父母懵懵懂懂地当了家长,却因为缺乏相应的家庭教育专业知识和技巧,给家校共育带来了诸多被动和困惑。

"双减"是一场观念和认识上的革命,需要家校合作才能让教育形成合力,实现效益最大化,也才能避免教育减负、家庭增负、越减越负的情况。

作为学校和老师，要通过开办家长学校，成立家长委员会，配备家庭教育专兼职指导师，给予家长科学实用、容易操作的家庭教育方法指导，让家庭教育成为学校教育的有益补充。

同时，注重和家长的经常联系、及时沟通，力求在对孩子的教育理念上一致，在对孩子的教育思想上默契，在对孩子的教育目的上同向，在对孩子的教育手段与方式上吻合，让家长成为老师对孩子教育的有力助手。

我想，能够在这五个"更加"上着力，学校就一定能够担负起教书育人的主阵地责任。

第二十七讲　"双减"之下，教师需要作出改变和努力

教师是党和国家教育方针的执行者，是教育教学的实行者，也是教育变革的重要力量，更是"减负提质"的关键和核心。

在"双减"下，教师必须在教育教学的思想观念、方式方法，乃至自身发展上，作出相应的改变和努力。

一、观念变，教育新

在"双减"的新形势下，教师教育观念的转变，是"双减"能否落地，能否有实质性收效的关键。可以这样说，教师教育观念不转变，仍然固守老思维、旧框框，仍然抱守传统教育观念，且不说"双减"，就是"三减""四减""全减"，都有可能最终落得一场空。

变革教育观念，既是教师与时俱进、与时代同步的客观要求，也是教师在专业路上从容前行的先决条件，更是教师适应"双减"新形势的必然选择。

变革教育观念，就是要转变传统教育观念，树立全新的教育观。那么，教师应该树立哪些全新的教育观呢？

我以为，首先要摒弃打时间仗、拼命刷题、一味应试的观念，树立"尊重规律""回归本真""注重常识""以人为本"的观念；其次要抛弃"唯分数是从""以分数论英雄"的观念，树立"立德树人""全面发展""多元智能"的观念；再次要放弃"大一统""只见高个""只有优生"的观念，树立"没有差异就没有教育""没有差生只有差别""尊重、信任每一个学生""让每一个生命都有枝可依"的观念；最后要唾弃"减负就是躺平""减负等于减责"的观念，树立"减负不减质""负担减下去，素质提上来"的观念。

二、实效从备课中来

不打无准备之仗，不上无准备之课。特别是"双减"之下，既要把学生的课业和校外培训负担减下去，又要让每一个学生在有效的时间内既"会学"又"学会"，教师的备课尤为重要。

备课是教学流程的起点，是教学基本环节的首要环节，是提高课堂效率的前提。助力减负，教师首先必须从认真备课做起。

教师的备课除了备教材，还要备教法、备教具；除了备学生，还要备学情、备学法；除了备学科知识，还要备学科所蕴含的核心素养，学科所能够发展学生的关键能力。

三、向理想课堂要质量

课堂是教育的主战场，是学生的生命场。当下课堂的"满堂灌""教师主宰一切""见分不见人"，所带来的课堂的"低效""无效"，是造成学生负担重的重要原因。

人们常说，向课堂四十分钟要质量。什么样的课堂才是理想的课堂，什么样的课堂学生才喜欢，什么样的课堂才能给出质量呢？

我觉得，教师要淡化自己的角色，淡化自己在课堂中的主体地位，淡化在习以为常中的绝对权威，要让学生站在课堂的中央，成为课堂的主人，要注重启发式教学，鼓励学生大胆想象与质疑，要提倡"小先生制"，支持学生教学生，学生带学生，要创新课堂模式，为学生进入主动学习、能动学习、生动学习、探究学习、合作学习、愉快学习积极创造氛围和条件，以真正实现由"教知识"到"教方法"，由"学会知识"到"运用知识"，由"被动接受"到"主动获取"，由"教师强求"到"自主学习"的转变。

四、卓越课程润泽卓越生命

课程的丰富性，决定生命的丰盈丰富；课程的卓越性，决定生命的多姿多彩。每个课程都有它独特的魅力，都会带给孩子们不一样的状态，不一样的精彩。

学生人手一册的课本，作为国家课程，也就是教材，凝聚了众多名家学者的智慧和心血，肯定很好。但是，再好的教材也不一定适合每一个孩子，正如再好的鞋子，它不一定适合每一双脚一样。

没有个性化的课程，就没有个性化的教育。同时，课堂变革以及教育教学改革的最终落脚点是课程。也可以这样说，没有卓越的课程，就没有真正的课堂变革和教育教学改革。

因而在"双减"下，依据国家教材，生成相应的地方课程、校本课程、班本课程、特色课程以及微课程，让国家教材地方化，地方课程校本化，校本课程班本化，班本课程特色化，特色课程微型化，应该是当务之急，也是每个教师为之需要做出的探索与尝试。

五、为作业布置赋能

过去学生之所以作业负担重，主要是一些老师缺乏"备题"的意识，缺乏对作业进行精心设计，往往采取撒"拦河网"的方法，或者不改进作业布置方式，只是一味注重让学生刷题、练题、做题。

"双减"首先减的是中小学生的作业负担。因此，对学生的作业要求和布置，绝不能仅停留于过去的老套路。

教师应该用心"备题"，细心"选题"，精心进行作业设计，少布置重复性的、滥竽充数的作业，多布置一些"量少质高""以一当十"的作业；少布置纸笔作业，多布置一些"口头作业"和"实践作业"；少布置一些机械的、整齐划一的作业，多布置一些分层、弹性和个性化作业，为学生提供更多的"作业菜单"，让学生拥有选择作业的权利和机会。

六、小社团，大社会

没有活动，就没有教育。没有丰富多彩的社团活动，就没有学生喜欢的教育。

"双减"下，学生在校时间延长，教师不能用来讲知识、写作业，这样既可能伤害学生身心健康，又可能给他们带来厌学弃学的情绪。因此，教师应该结合课后服务，尽可能设计出门类齐全、每一个学生都有兴趣参与的社团。

在社团活动中，彰显每个学生的个性，展示每个学生的特长，让每一个学生在活动中找到玩伴、同伴、伙伴，这是他们爱上学校、爱上学习的重要理由，从而点燃他们的学习热情，激发他们的学习欲望。

七、让评价助力"双减"

学生天性不同，禀赋各异。有的学生接受知识快，擅长考试，有的虽然接受知识慢，不擅长考试，却有可能在其他方面有过人之处。比如，有的喜欢绘画、书法，有的爱好打球、唱歌，还有的动手能力特别强等。如若用考试和分数去丈量，则完全会把这些学生，甚至绝大多数学生丈量成后进生和陪读生。

适应"双减"要求，教师就应该有勇气破除分数唯一的评价标准，坚持多一把尺子评价，坚持多一些标准评价，从学生的性格特点、特长爱好、人际关系、行为习惯等方面给予多维评价，从学生的成长进步、一点一滴变化中加以客观评价，让孩子们"看见自己"，努力做最好的自己，让每一个孩子都阳光自信，在校园里抬得起头。

八、注重自身素养提高

过去，提升质量，教师可以吃老本，可以靠无限度增加学生负担去实现。如今，"减负还要提质"，而且还要达成上述一系列的要求和目标，这对教师的素养提出了更高的要求。

发展教育，必先发展教师。"减负提质"，更要发展教师，更离不开一大批具有高素养教师的支撑。

教师尽管做了"双减"的兜底者，尽管承担了过去由家庭、校外培训机构乃至社会承担的一些责任和压力，尽管在每天的辛苦忙碌中甚至有点力不从心，但是教师要想到这份职业的神圣与荣光，要想到孩子的成长及未来全攥在我们手中，要想到在新形势下做好这份职业如果不提升自己则敬业不易，精业难成，就必须尽量挤时间，用于学习，多些阅读，多些思考，多些研究，多些积累，多些对自己的不断修炼与提升。

如果每一个教师都能够结合自身实际，在以上八个方面做出一些改变和努力，相信"双减"就会不辱使命，收到预期的效果！

后　记

　　十多年来，我都坚持这样一个目标：一年推出一本书。

　　人都会有惰性，都有可能随时懈怠自己、放松自己、荒芜自己，我想的是，以此目标倒逼自己，在不断的压力与动力中，促使自己不断阅读、不断反思、不断写作，让自己始终处于蓬勃朝气、奋发向上的状态。

　　我要感谢我的执着与坚持，感谢我咬定青山不放松的韧劲，这么多年一路走来，硬是兑现了我的目标。

　　看着书柜中摞起的十五六本浸润着自己心血的书，竟再一次印证并心生感慨：有梦想就有希望，有付出就有收获，有坚持必有奇迹。

　　然而，在2021年，一年一本书的目标已有突破，一年竟收获了两部作品。

2020年在北京参加一个关于乡村教育振兴的学术会议，邂逅了山西教育出版社副总编辑潘峰、教育读物策划室刘继安和樊丽娜。他们说这之前一直在关注我、关注我的文字，也在关注我推出的一系列书，希望能够有机会合作。

2020年上半年，我刚把整理好的书稿《教育是美好的修行》发给长江文艺出版社，这已是我在该社出的第五本书了，这五本书都被中国教育报评为当年教师最喜爱的100本书。《教育是美好的修行》已经在2021年11月初上架发行。

之后便收到刘继安主任给我发来索要书稿的信息，而且言之切切、情之真真。一路走来，我始终坚信，这个世界上，人与人之间难得的是信任，信任比黄金还重要。

尽管手头还没有现成的书稿，为了不辜负这份信任，于是开始夜以继日、加班加点，整理最近三四年的演讲文字，以及近期写作的一些文稿和约稿。

星光不问赶路人，功夫不负有心人。不到两个月时间，便整理出《为未来而教而学》的书稿。

2021年9月底，在山西农业大学参加第二届世界乡村复兴大会，潘峰女士得知我在太原，于是安排刘继安、樊丽娜抽空陪我去看了晋祠和太原古县城。

我们一边感受厚重古朴的三晋文化，一边谈出版、聊教育，还对《为未来而教而学》一书稿，就相关内容与细节，做了沟通与碰撞，继而最终敲定书稿。

在书稿即将付梓之际，我要特别感谢山西教育出版社副总编辑潘峰女士、教育读物策划室刘继安先生、樊丽娜女士，是他们对出版事业的执着追求，对教育事业的一往情深，对图书编辑的细心用心，才有了这本精美图书的问世。

当然，我也要感谢全国各地的陶友、朋友以及教育界同仁，在我为教育行走中所给予的理解与支持，厚爱与帮助。没有你们，就没有我的一路前行，也就没有我人生下半场的精彩。

一本书，不仅是凝练的文字、浓缩的人生，其背后，更是一段缘分、一份信任、一种情谊、一个个美好而又动人的故事……

图书在版编目（CIP）数据

为未来而教而学 / 汤勇著. — 太原：山西教育出版社，2022.4（2023.7重印）
ISBN 978-7-5703-2225-1

Ⅰ.①为… Ⅱ.①汤… Ⅲ.①中学教育—教育研究 Ⅳ.①G632.0

中国版本图书馆 CIP 数据核字（2022）第 017861 号

为未来而教而学
WEI WEILAI ERJIAO ERXUE

责任编辑	樊丽娜
助理编辑	强　源　李丹妮
复　　审	刘继安
终　　审	李梦燕
装帧设计	陈　晓
印装监制	蔡　洁

出版发行　山西出版传媒集团·山西教育出版社
　　　　　（太原市水西门街馒头巷7号　电话：0351-4729801　邮编：030002）
印　　装　山西基因包装印刷科技股份有限公司
开　　本　890×1240　1/32
印　　张　9.5
字　　数　178千字
版　　次　2022年4月第1版　2023年7月第4次印刷
书　　号　ISBN 978-7-5703-2225-1
定　　价　42.00元

如发现印装质量问题，影响阅读，请与山西教育出版社联系调换。电话：0351-4729718